मेरी माई

मेरी
माई

माँ सायबान है
माँ ही ज़मीं - आसमान है

मेरी माई

डॉ. सबीहा रहमानी
सदफ़ ख़ान

प्रभात
पेपरबैक्स
www.prabhatbooks.com

प्रकाशक

प्रभात पेपरबैक्स

प्रभात प्रकाशन प्रा. लि. का उपक्रम

4/19 आसफ अली रोड, नई दिल्ली–110002

फोन : 23289777 • हेल्पलाइन नं. : 7827007777

इ–मेल : prabhatbooks@gmail.com ❖ वेब ठिकाना : www.prabhatbooks.com

संस्करण

प्रथम, 2022

★

MERI MAAI

by Dr. Sabiha Rehmani & Sadaf Khan

Published by **PRABHAT PAPERBACKS**

An imprint of Prabhat Prakashan Pvt. Ltd.

4/19 Asaf Ali Road, New Delhi-110002

ISBN 978-93-5521-153-8

आभार

किसी ने एक सुप्रसिद्ध लेखक से
कहा माँ पर लिखो...
लेखक विचारता रहा...
कैनवास की तरह कागज पर
शब्दों से तसवीरों को गढ़ता रहा
खींचता, बनाता और बिगाड़ता रहा
बारंबार अनगिनत अक्षरों को
परंतु माँ के सर्वव्यापक
वजूद को जब लफ्जों में
समेटकर अभिव्यक्त करने में
असमर्थ, बिल्कुल असमर्थ रहा
तब उसने सिर्फ इतना लिखा—
माँ से ही यह कायनात है
माँ ही जमीं और माँ ही आसमाँ
माँ ही सर्वस्व और सृष्टि का सार है।

अब अगर सच बोलूँ तो इस पुस्तक को मैंने फिर एक कैनवास की नजर से देखा और शब्दों के जरिए माँ के असंख्य रूपों को इस पुस्तक

के हर पृष्ठ पर कलात्मक और रचनात्मक चित्रों के माध्यम से गढ़ने की पूरी कोशिश की है। 'मेरी माई' इस पुस्तक का नाम ही ऐसा है कि इस पर नजर पड़ते ही हर शख्स के दिलो-दिमाग में अपनी माँ की तसवीर उभर आएगी, न चाहते हुए भी वह इसे पढ़ना चाहेगा। इसीलिए मैंने कोशिश की है कि इस अमूल्य कृति में माँ और सिर्फ माँ की ही तसवीर उभरनी चाहिए, क्योंकि इस ब्रह्मांड में एक माँ ही है, जिसका अस्तित्व था, है और हमेशा बरकरार रहेगा।

इस अनमोल कृति में हमने ग्यारह सुपर मॉम की रियल स्टोरीज को भी संकलित किया है। यों तो माँ के रूप में इस जगत् की समस्त माँएँ सुपर मॉम हैं, फिर भी वर्तमान परिप्रेक्ष्य एवं उत्तर-आधुनिक प्रौद्योगिक युग में कुछ अनमोल मॉम्स के बारे में जानकर उनके प्रेरक स्वरूप को इस शाहकार पुस्तक में लिखने का सुंदर प्रयास किया गया है। इसे बेमिसाल और बेस्ट सेलर पुस्तक के रूप में गढ़ने के मूल प्रेरणास्रोत हैं, जवाहर सुशीला भगवानदास डोडानी, जिन्हें अपनी माँ से असीम, अनंत प्रेम व स्नेह है। माँ सबकी अजीम होती हैं और सभी को अपनी माँ से बेइंतिहा प्यार होता है, लेकिन डोडानीजी की बात इस संदर्भ में कुछ भिन्न है। उन्होंने शायद जन्म से ही समझ लिया था कि माँ का प्यार और अस्तित्व असीम, अजर-अमर और नश्वर है, इसीलिए उनका विश्वास है कि मेरी माँ, जो अब भौतिक रूप से नहीं हैं, पर मुझमें कहीं बाकी हैं अभी तक। शायद इसीलिए उन्होंने हमें 'मेरी माई' जैसी अनमोल रचना लिखने की प्रेरणा प्रदान करते हुए हमारी हौसला-अफजाई भी की...। हम उनके प्रति सदा आभारी रहेंगे और उनका हार्दिक रूप से आभार ज्ञापित करते हैं।

इस पुस्तक के लेखन में आदरणीय जवाहर भगवानदास डोडानी के अभिन्न और अंतरंग मित्र श्री जसबीर सिंह भाटिया का विशेष योगदान

है। उन्होंने भी हमें इस पुस्तक की रचना में काफी सहयोग देकर हमारा दिशा-निर्देशन किया। हमारा दायित्व है कि हम डोडानीजी के आत्मीय मित्र आदरणीय भाटियाजी के प्रति भी दिल से धन्यवाद प्रदान करें। हम सदैव उनके शुक्रगुजार रहेंगे। इस पुस्तक का कवर पेज डिजाइन श्री अमरीक कुमार ने किया और सुश्री शिवानी सिंह व प्रियंका ने इस पुस्तक को बेहतर बनाने में सहयोग दिया है, हम कृतज्ञ हैं उनके प्रति भी एवं तहेदिल से आभार व्यक्त करते हैं।

डॉ. सबीहा रहमानी

प्राध्यापक, लेखिका, कवयित्री, शोध-निर्देशिका, परिवार परामर्शदात्री, संस्थापक/प्रबंधक 'चिराग फाउंडेशन' बाँदा एवं केदारनाथ अग्रवाल शोध संस्थान की सामाजिक सचिव हैं। तमाम संस्थाओं और समितियों की प्रभारी के रूप में वह अपनी समस्त भूमिकाओं एवं कर्तव्यों का निर्वहन बखूबी करती हैं। लेखन और समाजसेवा के क्षेत्र में डॉ. सबीहा रहमानी की विशेष रुचि है। वह महिला/बालिका शिक्षा के क्षेत्र में प्रमुख रूप से 'चिराग फाउंडेशन' के माध्यम से निर्धन बालिकाओं को शिक्षा के लिए गोद लेती हैं। विधवा, परित्यक्त महिलाओं के आर्थिक सबलीकरण के क्षेत्र में विशेष रूप से प्रयासरत हैं। वर्तमान में रानी दुर्गावती मेडिकल कॉलेज की शोध समिति की चेयरपर्सन हैं।

नौ संदर्भ-पुस्तक का प्रकाशन, संदर्भ पुस्तकें—1. भारतीय मुसलिम महिला एवं सशक्तीकरण, 2. बुंदेली संस्कृति क्षरण एवं संरक्षण, 3. बुंदेली संस्कृति के संरक्षण के उपाय, 4. बुंदेलखंड की दशा एवं दिशा, 5. प्रौद्योगिकी एवं उत्तर-आधुनिक समाज, 6. नए भारत में महिलाओं की भूमिका, 7. समकालीन परिप्रेक्ष्य में स्त्री-विमर्श, 8. एक लघु उपन्यास 'सुनो छोटी सी गुड़िया की लंबी कहानी' प्रकाशित, 9. 'काकी का कुनबा' कहानी-संग्रह अमेजन पर उपलब्ध, 10. 'माटी' पत्रिका की सह-संपादक मंडल की सदस्य।

- चौबीस शोध-पत्र प्रकाशित, विभिन्न पत्र-पत्रिकाओं में कहानी और कविताएँ प्रकाशित हो चुकी हैं। चिराग फाउंडेशन उत्तर प्रदेश सरकार द्वारा सम्मानित है।
- बेस्ट टीचर एवं महिला सशक्तीकरण सम्मान से सम्मानित।
- उत्तर प्रदेश आर्ट एंड फैशन एकेडमी की ओर से 2021 में बेस्ट लेखक अवार्ड से सम्मानित।
- शोध-निर्देशिका के रूप में पाँच शोधकर्ताओं को पी-एच.डी. करवा चुकी हैं और दो शोधकर्ता अभी उनके शोध-निर्देशन में शोध-कार्य कर रहे हैं।

सुश्री सदफ़ ख़ान

सलाहकार EXP ग्लोबल रियल एस्टेट, चीफ टीम बिल्डर डोडानीस वर्ल्ड, लेखिका, एजुकेशन काउंसलर।

सदफ़ ख़ान ने अपने कॅरियर की शुरुआत एक बैंकर के रूप में की, लेकिन उनकी रुचि एकेडमिक्स में थी। वह भारत की एक प्रसिद्ध यूनिवर्सिटी में तीन वर्ष तक लेक्चरर रहीं, लेकिन जब उन्हें कॉरपोरेट जगत् में जाने का मौका मिला, तो उन्होंने शिक्षा के क्षेत्र से स्विच किया।

अपने शिक्षण कार्यकाल के दौरान उन्होंने अपना नामांकन मानव संसाधन में पी-एच.डी. हेतु करवाया और उनका शोध कार्य शीघ्र ही पूरा होनेवाला है।

वह बेहद प्रभावी ढंग से व्यावसायिक प्रशिक्षण व परामर्श के क्षेत्र में भी अग्रणी हैं।

अपनी छोटी सी उम्र में उन्होंने बहुत कुछ हासिल किया है। वह

एक प्रसिद्ध लेखिका, कथावाचक एवं कवयित्री भी हैं तथा राष्ट्रीय स्तर के टी.वी. चैनलों पर भी प्रदर्शन कर चुकी हैं—न्यूज चैनल शो 'अर्ज किया है' 24×7 JK समाचार। वह नियमित रूप से स्थानीय कार्यक्रमों में स्टेज परफॉरमेंस करती हैं। साथ ही एक इंटरनेशनल कार्यक्रम में भी परफॉर्म कर चुकी हैं—संगठन कार्यक्रम—'वन बिलियन राइजिंग'।

उनका सामाजिक कार्य कॉलेज के समय छात्र-जीवन में ही शुरू हो गया था। वह स्वयंसेवी संगठन, जिसे उन्होंने 2015 में स्थापित किया था, वह है—'आगाज', जिसकी वह अध्यक्ष हैं, साथ ही चिराग फाउंडेशन, बाँदा (उत्तर प्रदेश) की विशेष सलाहकार भी हैं।

'Say it out loud' (A Mental Health Initiative), इस पहल की शुरुआत भी सदफ़ ख़ान के द्वारा की गई। अभी हाल ही में उन्होंने अपनी एक ट्रेनिंग अकादमी भी खोली—Your Khanfidant.

सदफ़ ख़ान टी. बेनेट के प्रसिद्ध उद्धरण पर विश्वास करती हैं—'महान् बातें उन्हीं के साथ घटित होती हैं, जो विश्वास करते हैं, सीखते और कोशिश नहीं छोड़ते तथा सदा ईश्वर के प्रति आभारी होते हैं।'

—सदफ़ ख़ान
मुख्य टीम बिल्डर, डोडानीस वर्ल्ड
मो. : 8826596030
इ-मेल : Sadaf@dodanisworld.com
नई दिल्ली, भारत

अनुक्रम

माँ पर आधारित सच्ची कहानियाँ

कविताएँ

1

इस जहान की रौनक है माँ

इस जहान की रौनक है माँ,
है उस जहान की जन्नत,
दुनिया गर एक गुलशन है,
माँ उसकी खुशबू है,
माँ वो साज-ए-तरन्नुम है,
जिसे छेड़ो तो दुआ बनती है।
माँ वो नगमा है, जिसको गुनगुनाने से
रूह को चैन और कल्ब को सुकून मिलता है
माँ वो फूल है, जब तक नजर के सामने
आँखों की बिनाई है, वो है ठंडक-सी,
माँ अगर नहीं है, फिर भी
दिल में खुशबू की तरह बसी रहती है।

□

2

सुनो अम्मा

सुनो अम्मा,
सुनो··· ! सुन रही हो न,
मेरी जान से प्यारी अम्मा,
यहाँ कुछ खैरियत नहीं,
लगता है हमसे दूर,
बहुत दूर हो गई हो तुम,
तुम तो कहा करती थीं
रोना नहीं कभी,
हर वक्त मेरा हाथ
तुम्हारे सिर पे है,
लगता है तुमने भी हमसे
रूठकर किनारा कर लिया है अब,
अपना हाथ हमारे सिर से
अलग कर लिया है अब
या फिर जन्नत मुकीम होकर
तुमने भुला दिया है हमें,
सिर पर कड़ी है धूप और

जमीन की तपिश से
पाँव जलते हैं अब बहुत,
तुम ही कहो कि इस
राह पर हँसते हुए
कैसे चलूँ मैं अब···।

□

3

अम्मा के नाम खत

अम्मा के नाम खत,

हर दिल अजीज और मेरी जान मेरी अम्मा,

सलाम तुमको··सलाम तुमको

बरस-बरस के निगाहें सलाम कहती हैं,

बिलख-बिलखकर साँसें सलाम कहती हैं,

मचल रही हैं जो आज तुमसे मिलने को

तड़प-तड़पकर वो आहें सलाम कहती हैं

अम्मा, मैं यहाँ खैरियत से हूँ, आप कैसी हैं ?

उम्मीद है आप भी खैरियत से होंगी। बहुत अरसा हुआ आपसे बात नहीं हुई,

सोचा, आज आपको खत लिखकर यहाँ के हालात से वाकिफ कराऊँ, वैसे तो सब अच्छा चल रहा है आपकी दुआओं से हम सब खूब खुश-खुर्रम हैं।

बस आपके जाने के बाद ऐसा महसूस होता है, जैसे हमारी कोई बेशकीमती चीज खो गई है

जिसे हम ढूँढ़ नहीं पा रहे हैं

इसीलिए बहुत परेशान हैं।

आप ही कुछ तरकीब सुझाओ,
आप हमारे साथ थीं तो सब काम आसान हो जाते थे।
अब हर रोज कोई मुश्किल बाँहें पसार हमसब को जकड़ लेती है
तुम ही कुछ करो न मेरी अम्मा
पता है कुछ नालाकियों की वजह से आप हम लोगों से नाराज हो
पर बताओ कोई ऐसे कैसे अपने बच्चों से रूठकर जाता है।
मेरा बहुत रोने का मन कर रहा है,
तुम ही कहो किसके पास जाकर रोऊँ।
मैं तो खुशी हो या गम सिर्फ आपके पास आती थी···अब···।
इस खत का जवाब जरूर देना, बताओ दोगी न।
हमसब बहुत अकेले हैं···।

अल्लाह हाफिज

तुम्हारी लाड़ली बेटियाँ···

□

4

मेरी अम्मा

न कोई दस्तक
न ही कोई आवाज
पर मुझे कल रात
बहुत बेचैन गुजरी
न जाने कितनी रातों के बाद
सिरहाने किसी के होने
की आहट महसूस हुई
मुझे लगा किसी ने
मेरा माथा बड़े प्यार से चूमा
शायद कोई लोरी सुनाई तुमने
तभी कल रात
बहुत स्याह रातों के बाद
बहुत चैन की नींद आई
सच कहना, तुम ही थीं न
मेरी अम्मा···

□

5

माँ कहाँ है?

मकान है, मगर माँ नहीं,
इस मकान में कभी पुरजोर सदाएँ गूँजा करती थीं,
अब तो हर सू तेरे जाने से खामोशी उतर आई है,
एक जरा सी सदा दूँ तो फिजाओं में बिखरती थी तेरी बातों की खनक,
अब तो हर एक सदा इन दर–ओ–दीवार में खामोशी से टकराकर बिखर जाती है।
यूँ तेरे जाने के बाद यह जाना कि क्या है मेरे इंतजार की हद
हर एक आहट को समझ लेती हूँ कि तू है यहीं कहीं पर।
हर दस्तक तेरी आमद का एहसास कराती है मुझे,
जबकि मालूम है तेरा आना नामुमकिन है अब,
फिर भी यह सोचकर सब्र करती हूँ कि तू कहीं भी हो
तेरी बातें, तेरी यादों के पैकर में तू मेरे साथ ही है…

□

6

माला

बहुत खुबसूरत थी वो माला
उसके हम सब मोती थे
टूट गया उस माला का धागा
बिखर गए अब सब मोती
हर मोती को तलाश है
बस उस धागे की, जो समेट ले
इन बिखरे मोतियों को और
फिर से सँवार दे उनका वजूद,
क्या ? अब ऐसा मुमकिन है।
अम्मा को तलाश करती मैं, हम-सब।

□

7

यथार्थ

सुनो! तुम
अब नहीं हो
कहीं भी नहीं
न मुझसे दूर
न ही मेरे पास
सब कहते हैं
यथार्थ यही है
किंतु! मैं कहती हूँ
यद्यपि तुमको
देख और छू
नहीं सकती
पर! तुम हो
यहीं–कहीं पल–पल
हर पल मेरे दिल में
मेरी यादों में
...मैं! तुमको
हर पल महसूस

कर सकती हूँ
अपने आसपास
यही यथार्थ है मेरा
माँ कभी अपने
बच्चों से दूर
नहीं होती''।

□

8

माँ दुनिया है

माँ दुनिया है,
माँ जन्नत है,
माँ गुलशन है,
फूलों-सी प्यारी माँ
माँ खुशबू है,
माँ भूख में,
रोटी है,
माँ दर्द में
दवा है,
माँ दुःखों की
हरता है,
माँ खुशियों का
सार है,
माँ से ही
घर-संसार है,
माँ है तो
सबकुछ है।

□

9

माँ! तुम मुझे नहीं मारोगी

सुनो माँ··· !!!
मैं देख रही हूँ तेरी विस्मित आँखों को जो टिकी हुई हैं 'पा' की ओर
पापा के कँपकँपाते हुए हाथों में
एक सफेद लिफाफा-सा है
'पा' तुझे कुछ-कुछ हैरान
बड़े परेशान नजर आ रहे हैं
दस्तक कोई तेरे दिल में हुई है
माँ! तू बड़ी हैरान-सी है
और कुछ-कुछ परेशान भी
लगता है माँ!!!!
पापा को अब पता चल गया है कि
तुम्हारी कोख में 'मैं', यानी
उनकी अनचाही बेटी
पल रही हूँ···धीरे-धीरे अपनी
साँसें गिन रही हूँ···न जाने
कब फरमान ये जारी हो जाए

और कोख तुम्हारी मेरी
कब्र बना दी जाए···या फिर
मेरी माँ! ओ प्यारी माँ
तुम यह दृढ़निश्चय करोगी
हर आँधी-तूफान का डटकर
सामना करोगी···और
इस सृष्टि की जननी को
अपनी लाड़ली बेटी को
अपनी कोख में बढ़ने दोगी
पलने दोगी पापा की इस
अनचाही बिटिया को और
इस जग में···आने दोगी···
मुझे यह पूरा विश्वास है माँ
तुम मुझे मरने नहीं दोगी···
इस संसार में आने और अपनी
कोख को कब्रगाह बनने नहीं दोगी।

□

10

तुम नहीं होकर भी हो

मुझको मालूम है कि तुम नहीं हो अब साथ मेरे,
फिर भी तुम हो मेरे आसपास यहीं पर कहीं अब,
तुम दूर जाकर भी हमारे पास ही रहती हो सदा,
यूँ नहीं छोड़ सकती हमको तन्हा और उदास कभी,
हर मुश्किल से गुजर जाती हूँ बेखौफ-ओ खतर,
क्योंकि हर पल साए की तरह साथ रहती हो मेरे।
तुम जो कहती थी चली जाऊँगी तो ढूँढ़ोगी मुझे पर,
कड़ी धूप में चलती हो सायबाँ की तरह साथ मेरे।
हाँ, ये सच है कोई नहीं आता उस पार चले जाने पर,
मगर ये सच है कि उसका साया रह जाता है इस पार कहीं।

□

कहानियाँ

1

मुझे नहीं स्वीकार्य

अनीता बहुत परेशान थी, उसे चारों तरफ से मिलनेवाले ताने-तिशनों ने हलकान कर रखा था, जैसे ही परिवारवालों को पता चला, शुभी हमेशा के लिए अपना घर छोड़कर आ गई है, सबने अपने-अपने अंदाज में प्रश्न खड़े करने शुरू कर दिए। अभी तकरीबन दो साल ही हुए थे, उसकी इकलौती बेटी शुभी का विवाह हुए। सबकुछ नंबर वन था, सबसे बड़ी बात उसकी बिटिया रानी की पसंद थी। सो, उसने इस रिश्ते के लिए अविनाश को तैयार कर लिया। दो साल तक शुभी ने भरसक कोशिश की, अनीता भी समय-समय पर उसे टिप्स देती रहती, लेकिन अमन का साइकिक बिहेवियर अब उसकी बरदाश्त से बाहर था। हद तो तब हो गई, जब शुभी को अमन से अच्छी जॉब मिलने पर उसने उसका जीना मुश्किल कर दिया। अविनाश की बीमारी पर आई शुभी को उदास और जरा-जरा सी बात में झल्लाता देखकर अनीता परेशान थी कि उसकी इतनी मस्त और हँसमुख बेटी को क्या हो गया है ?

अचानक एक दिन शुभी का आना और यह घोषणा करना कि "मैं अब अमन के साथ नहीं रह सकती, मुझे स्वीकार्य नहीं है कि मैं बात-बात पर उसके शक-शुबा पर सफाई देती फिरूँ।" शुभी का ऐसा रवैया एक पितृसत्तात्मक परिवार के लिए वज्रपात जैसा था। अनीता का शुभी

को सपोर्ट करना किसी को नहीं भा रहा था। उसने सुना कि सुधा भाभी अविनाश से कह रही थीं, "देखो अवि भैया, इन माँ–बेटी ने हद कर दी है, अनीता को कुल की लोक–लाज की जरा भी चिंता नहीं है, पहले बिटिया को मनमानी करने दी और अब उसका साथ दे रही है, हमारे परिवार में कभी ऐसा हुआ है। लोग क्या कहेंगे, कभी सोचा है आपने?"

अनीता ने अपने कानों से जो सुना था, वो डायलॉग अविनाश के अंदर काफी जहर घोल चुके थे, जैसे ही अविनाश ने उससे शुभी का जिक्र छेड़ा, अनीता समझ गई, पर वो ठान चुकी थी कि अपनी बेटी की खुशी के लिए हर तरह से उसका साथ देगी। अविनाश उससे कह रहा था, "क्या चाहती हो तुम माँ–बेटी, हमारे कुल की इज्जत, मान–मर्यादा की जरा भी फिक्र नहीं तुम्हें, समझाओ उसे, जैसी मनमर्जी की है, अब भोगे उसी पागल को, उसे अपना घर छोड़कर इस तरह नहीं आना चाहिए। मेरी बात कान खोलकर सुन लो, उससे कहो जैसे आई है, वैसे ही वापस जाए, मैं ये सब बरदाश्त नहीं कर सकता।"

अनीता अविनाश की बातें सुन बिफर पड़ी, "क्या समझते हो तुम लोग अपनी परिवार की आन–बान को, तुम्हारे कोरे पितृसत्तात्मक दंभ के लिए अब मैं अपनी बेटी की खुशियाँ और उसकी जिंदगी दाँव पर नहीं लगा सकती। तुम्हें अपनी जिंदगी का अधिकार देने का मतलब ये नहीं है कि तुम बेटी पर बेवजह दबाव डालो, उसकी मर्जी है, उसकी जिंदगी है, वो जैसे चाहे गुजारे, हमें कोई हक नहीं उसके फैसले में दखलअंदाजी करने का, आप जो चाहें करें, मैं उसके साथ अडिग खड़ी हूँ और खड़ी रहूँगी। आप लोगों का रवैया देखकर शुभी ने खुद को एकांत में कैद कर लिया है। दो दिन हो गए वहीं कमरे में रहते हुए, खुद को गुनहगार महसूस कर रही है, जिंदगी भर मुझे चैन से जीने नहीं दिया, अब कुल और वंश के नाम पर अपनी बेटी की अस्मिता और अस्तित्व

को कुरबान करने पर तुले हो, लेकिन मैं ऐसा नहीं होने दूँगी। क्या कहेंगे लोग, यही समाज का सबसे बड़ा रोग है। इस दिन के लिए हमने बेटी को नहीं पढ़ाया-लिखाया कि बेवजह पुरुषत्व के दंश को झेले। वो अगर ये फैसला ले चुकी है तो मैं भी तय कर चुकी हूँ कि कदम-दर-कदम उसका साथ दूँगी।"

अविनाश चिल्ला रहा था, "तुम्हारा दिमाग खराब हो गया है क्या? इसलिए इतना पढ़ी-लिखी है कि अपनी मर्यादाओं को भूल जाए, पूरा जीवन ऐसे ही पति के बिना आजाद परिंदों की तरह गुजारेगी, तुम उसे क्यों बढ़ावा दे रही हो।"

अविनाश की बातें सुनकर अनीता व्यंग्यात्मक ढंग से हँसते हुए बोल पड़ी, "अविनाश, इस दिन के लिए ही हम माँएँ अब अपनी बेटियों को पढ़ा-लिखाकर खुद को गढ़ना सिखा रहे हैं कि तुम्हारे जैसे पुरुषों के कोरे दंभ के आगे उन्हें घुटने न टेकने पड़ें।"

□

2

मैं कन्यादान नहीं करूँगी

इस दौर की एक पढ़ी-लिखी और अपने पैरों पर खड़ी लाड़ली बेटी ने उसके माता-पिता को उसकी शादी के लिए परेशान होते हुए देखकर पूछा, "माँ, क्या बदला है अब तक? कुछ तो नहीं बदला। किसने बनाई थी बेटी का कन्यादान करने और उसे घर से विदा करने की रस्में। पहले पाल-पोसकर बड़ा करो, पढ़ाओ, फिर आज के दौर के मुताबिक उसे अपने पैरों पर खड़ा करने की कोशिश करो, उसके बाद उसकी शादी के लिए, उसे दूसरों को सौंपने के लिए हाथ-पैर जोड़ो, लड़केवालों के सामने गिड़गिड़ाओ और अपनी जान से प्यारी बेटी के साथ अथाह दहेज दो।"

माँ ने बेटी को बड़े प्यार से जवाब देते हुए कहा, "बेटा, ये समाज की रीति है, सामाजिक जीवन जीने और सृष्टि के संचरण हेतु यह हमारा अमूल्य योगदान है, पारिवारिक जीवन के लिए स्वस्थ परंपराएँ आवश्यक होती हैं। उस समय के चलन को देखते हुए मेरी अम्मा ने भी अपने काल की महत्ता को ध्यान में रखकर जब मेरी शादी की बात चलाई थी तो कुल और वंश की दुहाई देकर मुझसे हर माँ की तरह कहा था, "मेरी लाडो बेटियाँ, दो कुलों की आन और लाज होती हैं, दो-चार गलत बातें भी सह लेना, लेकिन दोनों कुलों की मान-मर्यादा

में कभी आँच न आने देना और हमेशा अपने कुल की लाज रखना।"

लेकिन मैं इस दौर की माँ हूँ, बहुत कुछ तो नहीं बदला, पर कुछ बदला भी है, मैं तुमसे इतना अवश्य कहूँगी कि "सबका मान-सम्मान रखते हुए कुल और वंश की भी मान-मर्यादा रखना, लेकिन बेटा कभी अपनी अस्मिता, अस्तित्व और अपने मान-सम्मान को बेवजह मिटने मत देना। सबके लिए तत्पर रहना, लेकिन खुद का भी ध्यान रखना। ये घर सदैव तुम्हारा रहेगा, दरवाजा खुला है तुम्हारे इस घर का, जब चाहो अपने कदम फेर सकती हो, हमेशा स्वागत है तुम्हारा।"

फिर बेटी ने बस इतना कहा, "माँ, मैं कभी अपनी बेटी का विवाह दहेज देकर नहीं करूँगी और न ही कभी उसका कन्यादान करूँगी।"

□

3

बड़ी अम्मा

अम्मा के आखिरी सफर की तैयारी पूरी हो चुकी थी, ऐसा लग रहा था, अम्मा अपनी वही पुरानी मासूमियत की चादर ओढ़े आराम से सो रही हैं। बस छोटे भैया-भाभी का इंतजार हो रहा था, उनके आते ही हमारा और अम्मा का साथ हमेशा के लिए छूट जाएगा, वे अपने आखिरी गंतव्य की ओर प्रस्थान करेंगी और हम लोग रोते-बिलखते यहीं रह जाएँगे। मैं अम्मा की सबसे लाड़ली अपनी बड़ी चाची के सीने से लगी सुबक रही थी।

बड़ी चाची जैसे अम्मा की जगह ले चुकी थी, हमें डपटते हुए बोली, "बहुत अच्छा नहीं कर रही हो तुम रागिनी, देखो कैसे बेबस तुम्हें रोता हुआ देख रही हैं, मत रो बेटा, उन्हें रोना पसंद नहीं था, अभी जिंदा होतीं तो तुझे इस तरह रोता हुआ देख डपट देतीं—"पागल हो गई है मेरी रागो।" प्यार से अम्मा मुझे रागो कहती थीं। मैं बड़ी चाची के डायलॉग सुनकर और जोर से फफककर रो दी, तभी ऐसा महसूस हुआ, मानो वाकई अम्मा ने आँखें खोलीं और मुझे सब्र करने का इशारा किया, धीरे-धीरे रोते हुए मैं शांत हो गई थी। छोटे भैया-भाभी आ चुके थे, हमारी छोटी चाची अम्मा के सिरहाने बैठी अब उन्हें जाता देख बिलखकर रो दी।

वो बोली, "लो हमारे परिवार की सबसे मजबूत कड़ी आज बंधन तोड़कर जा रही है। बड़ी भाभी, काहे हमें अकेला छोड़े जा रही हो!

देखो तो जरा कैसी आराम से सो रही हैं, इन्हें हमसब को छोड़कर जाने का कोई अफसोस नहीं है। आओ सब लोग देख लो मुँह हमारी बड़ी भाभी का, अब कभी उन्हें कोई नहीं देख पाएगा!"

छोटी चाची की बातें सुनकर सब बिलखकर रो रहे थे और आज किसी के भी रोने पर अम्मा हड़कनेवाली नहीं थीं, बिल्कुल शांतचित्त, सौम्यता से चिरनिद्रा में लीन थीं।

वाकई अम्मा की गिनती आम औरतों में नहीं की जाती थी, बहुत खास थीं, वो सिर्फ हमारी अम्मा या हमारे पूरे खानदान की बड़ी अम्मा ही नहीं, बल्कि नगर की अम्मा थीं। हमने उन्हें कभी मुसीबतों से घबराते हुए, बदतर हालातों से हारते हुए नहीं देखा था, बल्कि हमेशा हमने उन्हें हालातों से जूझते और खुद्दारी से जिंदगी को बसर करते हुए देखा था। अम्मा को पंचौरा करनेवाली, चुगलखोरी करने और बात-बात पर रोने-पीटनेवाली औरतें पसंद नहीं थीं। वो अकसर कभी भी जब हम सब बहनें किसी बात से परेशान होते या रोने लगते तो फौरन झल्लाते हुए कहतीं, "ये क्या मनहूसियत है, छोटे-मोटे सपने टूटने और बिखरने पर रोना-पीटना कमजोर लोगों की निशानी है, ये जिंदगी रब की दी हुई नियामत है!"

फिर हम लोगों को शे'र सुनाने लगतीं—

ऐ शमाँ तेरी उम्र-ए-तबाई है एक दिन
हँसकर गुजार या इसे रोकर गुजार तू।

यकीनन बहुत मजबूत कड़ी थीं वो हमारे परिवार की, जो अब चंद पलों में हमारी आँखों से ओझल होनेवाली थीं हमेशा के लिए। वो जा रही थीं, मैं चीख पड़ी थी, पर जानेवालों को कौन रोक पाया है भला।

यकीन के साथ कहती हूँ, "अगर कोई कहे माँग, जो माँग सकती है तो खुदा की कसम अपनी माँ माँग लूँ मैं।"

□

4

हमारे अधिकार

शबाना आज छुट्टी होने की वजह से घर की साफ-सफाई और दीगर कामों में मसरूफ थी। शदीद ठंड के कहर से अब धीरे-धीरे राहत मिल रही थी और गुलाबी ठंड की शुरुआत हो गई थी। बसंत का मौसम अपनी आमद से माहौल को खुशनुमा और रंगीन बना रहा था। शबाना के लॉन में खिले गेंदे और गुलदाउदी के फूलों ने रौनक बढ़ा दी थी। साथ ही पतझड़ की भी शुरुआत हो गई थी। पीछेवाले लॉन में मीठी नीम और अमरूद के पत्ते आजकल हर वक्त बिखरे नजर आते। शबाना वहीं फोल्डिंग पलंग डाले आधी धूप, आधी छाँव का मजा लेते हुए लाल मिर्च का अचार रखने के लिए मिर्चों का मसाला तैयार कर रही थी।

इतवार होने की वजह से उसकी तीनों बेटियाँ रिदा, ऐनी और नाजिया भी घर पर ही थीं। वो तीनों भी वहीं लॉन में लगे झूलों पर बैठी एक-दूसरे से चुहलबाजी करते-करते अब कर्नाटक की घटना का जिक्र और उस पर बहसबाजी में मसरूफ थीं। नाजिया, जो सबसे छोटी बेटी है शबाना की और इस साल उसका बी-टेक फर्स्ट ईयर था, वो अपनी बड़ी बहन रिदा से पूछ रही थी, "अप्पी, अगर आप मुसकान की जगह होती तो क्या करतीं?"

"क्या करती? वही जो मुस्कान ने किया!"

"हा··हा..क्या बात है? अब तो सब लड़कियाँ यही जवाब देंगी।"

तभी ऐनी, शबाना की मँझली बेटी, बोल पड़ी, "जब नाजी तुझे मालूम है कि सब लड़कियाँ यही जवाब देंगी तो ऐसा सवाल क्यों कर रही है?"

"अरे··अरे··रे··मेरी ऐनी अप्पू, अब आप अपने फिलॉसफी के लैक्चर न देने लगना। अच्छा अब मैं अपने दूसरे सवाल की ओर बढ़ती हूँ, ये सवाल है फेमिनिस्ट शबाना खानम से···" नाजिया अब अपनी अम्मी को छेड़ रही थी।

"प्लीज आप बताएँ कि हम बेटियों के लिए ही ये हिजाब क्यों?"

"अरे बेटा, हिजाब हमारी अस्मत और जिस्म दोनों की हिफाजत करता है और कहते हैं, शरयी तौर पर अल्लाह को पसंद है और हिजाब हम औरतों की किसी तरक्की में रोड़ा नहीं है! लेकिन यह भी सच है कि एक हिजाब हमारी नियत और आँखों का भी होता है!"

"लेकिन अम्मी, मरदों और लड़कों के लिए कोई हिजाब या रोक-टोक क्यों नहीं है?" फिर नाजी ने सवाल किया।

"कौन कहता है कि मर्दों और लड़कों के लिए हिदायत नहीं है? हमारे रब ने उनके लिए भी सख्त हिदायतें की हैं, उन्हें गैरमहरम औरतों के सामने नजरें नीची रखने, सिर पर टोपी पहनने और उनका पहनावा, जिसे अबाया कहते हैं, वो भी हिजाब जैसा ही तो है!"

"लेकिन मेरी प्यारी अम्मी, कौन मर्द या लड़के इसको फॉलो करते हैं?"

"अच्छा मेरी दादी माँ, चुप हो जा, मेरा दिमाग मत खा! जोहर की अजान हो रही है, चलो-चलो सब लोग नमाज पढ़ने की तैयारी करो!" नमाज हो चुकी थी शायद और नजदीकवाली मसजिद से मौलाना साहब की दुआ माँगने की आवाज आ रही थी।

"ऐ मेरे रब, हमें नेक और बा-ईमान बना, हमारी औलादों को नेक बना, हमारी बेटियों को हिजाब में रहने और सालेह बनने की सलाहियत दे, अपने घरों, खानदान और शौहरों की फरमाबरदार बनें, हमारे खानदानों की इज्जत की हिफाजत करें!"

शबाना देख रही थी कि मौलवी साहब की दुआ सुनते-सुनते उसकी तीनों बेटियाँ आपस में खुसुर-पुसुर कर हँस रही थीं, उससे रहा नहीं गया तो उनको डपटते हुए बोली, "क्या हुआ तुम लोगों को? इसमें हँसने की क्या बात है?"

अब अपनी अम्मी की बातों से खिसियाते हुए बड़ी बेटी रिदा बोली, "क्या अम्मी? अगर मौलाना साहब की दुआ मसजिद में चल रही है तो हमारे घर पर बैठकर हँसने में भी आप पाबंदी लगाएँगी, आपके मौलाना साहब ने अभी तक सारी नेक सलाहियतों की दुआएँ लड़कियों के लिए ही माँगीं, तो क्या लड़के सारे पैदाइशी सलाहियतदार होते हैं?"

"अरे भाई, तुम लोगों के बड़े दिमाग खराब हैं, सही तो दुआ माँग रहे हैं! औरतों की सलाहियत से ही समाज मजबूत और सलीकेदार बनता है।" अम्मी बोलीं।

"और मर्दों से क्या बनता है? बस यही कि औरत पर जुल्म-ओ-सितम और मारपीट, गाली-गलौज करें, सब पहले बशौक निकाह करें और फिर जरा-जरा सी बातों पर तलाक…तलाक…तलाक… कहकर तलाक देकर औरतों और लड़कियों की जिंदगी तबाह करें या फिर दो-चार शादियाँ कर लें!" ये ऐनी के सवाल थे। अपनी अम्मी से पूछ रही थी वो, ऐनी शबाना की मँझली बेटी थी, जो बेहद जज्बाती और बागी थी।

"अरे बेटा, कैसी बात करती हो तुम लोग, ये काम सभी मर्द या लड़के थोड़ी करते हैं, समाज में अच्छे लोग भी तो होते हैं। बेटा हमारे

मजहब में भी औरतों के बहुत हुकूक मतलब अधिकार हैं, ठीक है तलाक जायज और इसकी इजाजत है, पर तलाक को अल्लाहपाक पसंद नहीं करते, इस लफ्ज को मुँह में लाना मतलब गुनाह करना, ये हमारे नबी का फरमान है, लेकिन ये भी हमारे मजहब में औरत और मर्दों की खुशहाली के लिए इंतजाम किया गया, जो नबी के फरमान के मुताबिक है कि अगर शौहर और बीवी का आपसी इखतिलाफ की वजह से साथ रहना नामुमकिन हो जाए तो मरद तलाक और औरत खुला ले सकती है, यानी दोनों के हक बराबर हैं। दूसरे हमारा शरयी फरमान है कि औरतों से गाली-गलौज तो दूर, ऊँची आवाज में बात नहीं करनी चाहिए। अब अपनी हेकड़ी और नासमझी में कोई न माने हमारे शरयी उसूलों को तो ये दीगर बात है। हमारे रब का तो यहाँ तक फरमान है कि अपनी औरतों/बीवियों को सुकूनगाहें मुहैया कराएँ, खान-पानदान का खर्चा उठाएँ और उनकी सभी जायज ख्वाहिशात पूरी करें!"

"लेकिन मेरी प्यारी नेक खातून अम्मीजान, इतना अमल भला आपने किसी को करते देखा है? अभी आते होंगे हमारे अब्बूजान गुर्राते हुए। देखिए, जरा गौर से सुन लीजिए, असलम चचा अभी-अभी मसजिद से नमाज पढ़कर आए हैं, पर सुन रही हैं आप चचीजान से कैसे बोल रहे हैं?" ये नाजी, यानी शबाना की तीसरे नंबर की बेटी अपनी अम्मी से फरमा रही थी।

"आज तुम लोगों को क्या हुआ है? फुरसत है तो ये औरत और मर्द की बहस में काहे मशगूल हो रही हो। रही बात मरदों की तो कोई अपनी शरयी बातों को न माने, ये उसकी कमी है। हमारे मजहब में बार-बार औरतों से हुस्न-ए-इखलाक और उनसे इज्जत से बात करने व पेश आने को कहा गया है। हमारे रब ने सबकी रस्सी बराबर कसी है और सबकी बराबर से ढीली भी रखी है।"

"अम्मी, रस्सी तो औरतों की इन मरदों ने कस दी है, अब देखिए शारिक भाई ने कैसा गुल खिलाया, छुपकर इश्क करते-करते दूसरी शादी ही कर ली! और उस पर ये कि इस्लाम में चार शादियाँ जायज हैं। क्या कमी थी? तंजीम भाभी के दो इतने प्यारे-प्यारे बच्चे भी हैं। आखिर क्या कुसूर है उन मासूमों का, जो अब आज अपने वालिद से मिलने के लिए तड़प रहे हैं, उस पर उन्हें पूरा खानदान तो मुआशरा सपोर्ट कर रहा है, ये इस मुआशरे की कैसी बेबसी है? किसी को तंजीम भाभी और उनके बच्चों का दर्द दिखाई-सुनाई नहीं पड़ रहा है!"

"खैर शारिक ने तो बहुत गलत किया बेटा, हमारे हुजूर ने बहुत सी शरायत के साथ एक से ज्यादा शादियों की इजाजत दी है, अब बेटा, ये मरदों की बनाई दुनिया और रस्मो-रिवाज हैं, अपने फायदे और ऐश के लिए कुछ भी गढ़ लेते हैं। किसी को दुःख पहुँचाकर हम अपनी खुशी की तवक्को खुद के लिए भले ही कर लें, पर इसमें हमारा अल्लाह कभी राजी नहीं होता और जिसमें अल्लाह राजी नहीं, वो खुशी किस काम की! हाँ बेटा, एक बात जरूर है कि यकीनन इन मरदों ने शरीअत का इंटरप्रिटेशन अपने हिसाब से करने की कोशिश की है, ये सब पितृसत्तात्मक चोंचले हैं। इसीलिए तो हमारी कोशिश ये होनी चाहिए कि हम अपने जिहालत के अँधेरों को इल्म की रोशनी से दूर करें। हमें दीनी और दुनियावी दोनों तालीम हासिल करने की जरूरत है। तुम सबसे मेरी यही इल्तिजा है कि खूब पढ़-लिखकर अपने पैरों पर खड़ी हो और मजबूत बनो। मुझे तो यही समझ में नहीं आ रहा कि तंजीम क्यों इस जुल्म के खिलाफ आवाज नहीं उठा पा रही है? जबकि पढ़ी-लिखी होने के साथ अपने पैरों पर भी खड़ी है। वजह सिर्फ ये है कि हम इस समाज से ही डरते हैं और हमारे अपने हमें

डराते हैं। अरे!!! अगर वो इस शादी को नहीं कुबूल करना चाहती, जो शारिक ने उसे धोखा देकर और छुपाकर की है तो वो अपने खुला के हुकूक (अधिकार) का इस्तेमाल कर सकती है, अपने बच्चों की पढ़ाई, परवरिश और अपना पानदान खर्च का दावा शरयी अदालत में कर सकती है।"

□

5

माँ कहाँ है?

मनु भारी मन से बिस्तर पर लेटा कि इतने दिनों से नींद उड़ी थी शायद, उसे नींद आ जाए पर लेटते ही अतीत में चला जाता है, दो साल पहले मनु कंपनी के एक ऑफर पर इस अनुबंध के साथ विदेश गया था कि दो साल तक उसे वहाँ से आने को नहीं मिलेगा। पहले माँ ने उसे मना किया, पर माँ को बहुत समझाने पर उसे उनकी इजाजत मिल गई। जब से पापा नहीं रहे, माँ का मनु के अलावा इस दुनिया में कौन है? वो ये बहुत अच्छी तरह समझता है। माँ की जिद पर ही उसने उनकी इच्छा का मान रखते हुए उनकी बचपन की सखी शैलजा की बेटी कृति से विवाह किया। माँ कृति के आने से बहुत खुश थी, उनका अकेलापन अब दूर हो गया था। दोनों में तालमेल और प्रेम भी बहुत था। मनु को और क्या चाहिए, घर में अमन-चैन बना रहे बस। कृति की एक शर्त अवश्य थी कि दो वर्ष तक कम-से-कम हम लोग बच्चा प्लान नहीं करेंगे, जब तक मेरा बी-एड. पूरा नहीं हो जाता। माँ की इच्छा तो उनके आशीर्वाद से जाहिर होने लगी थी, पर कृति की मंशा को देखते हुए मनु ने ऐसे ही बात बनाने के लिए कहा कि "माँ, मेरा प्रमोशन हो जाने दो, फिर हम अपना खुद का फ्लैट ले लेंगे, तब तक कृति की भी पढ़ाई पूरी हो जाएगी।" अनमने मन से माँ ने इस बात को स्वीकार कर लिया था। आज ऑफिस में मनु को

एक प्रोजेक्ट के सिलसिले में दो साल के लिए यू.एस.ए. जाने का ऑफर मिला, बहुत बड़े पैकेज के साथ। मनु ने यह खुशखबरी फोन पर कृति को बताई, तो वो बड़े पैकेज के साथ मिले इस प्रोमोशन को सुन उछल पड़ी, "हम ये करेंगे, हम वो करें। नया बड़ा सा फ्लैट लेंगे, तुम मुझे वहाँ से एप्पल का लैपटॉप लाना।" वो फोन पर लगातार बोले जा रही थी। मनु ने कहा, "अरे बाबा, घर आकर बात करेंगे, अभी मुझे बहुत सी फॉर्मेलिटीज पूरी करनी हैं," कहकर फोन काट दिया। कुछ पल के लिए मनु सोच में पड़ गया कि माँ तो ये सुनकर रोने लगी, किंतु कृति की खुशी का ठिकाना नहीं रहा, जबकि वो समझ रहा था कि शायद बाहर जाने की खबर सुन उसे बुरा लगेगा। खैर, बात आई-गई हो गई।

मनु की पैकिंग भी पूरी हुई और वो रात की फ्लाइट से यू.एस.ए. रवाना हो गया, सबकुछ इतना यकायक हुआ कि किसी को एक-दूसरे से ज्यादा कहने-सुनने का मौका ही नहीं मिला। अब बस मनु की परिवार से फोन पर बात होती, अकसर वीडियो कॉल भी कर लेता। माँ से भी मनु बात करता रहता। धीरे-धीरे मनु को यू.एस.ए. गए एक साल हो गया, वो कृति के अकाउंट में पैसा ट्रांसफर करवाता रहता और समझाता कि तुम माँ का खूब ध्यान रखना, अच्छी तरह रहना, कोई परेशानी हो तो रवीश (मनु का बचपन का दोस्त) को फोन कर बता दिया करो, आवश्यकता पड़ने पर उसे बुला लिया करो। वैसे कृति बताती रहती कि रवीश अकसर आता भी है उसके और माँ के हालचाल जानने के लिए। एक दिन कृति ने मनु को बताया कि "पीतमपुरा में बढ़िया फ्लैट बिक रहा है, रवीश बता रहे हैं।"

रवीश ने मनु को भी यह बात बताई। आखिर कृति के जोर देने पर मनु ने फ्लैट लेने की परमीशन दे दी। कृति ने फ्लैट अपने नाम लिया और एक माह के अंदर पजेशन मिलते ही वहाँ शिफ्ट भी हो गई। इधर उसने पुराने फ्लैट पर ताला डाल दिया, जबकि मनु ने कहा कि इसे किराए पर उठा दो।

कृति ने बताया कि "अभी माँ तैयार नहीं हैं, इस मकान से उनका इमोशनल लगाव है, कहती हैं, हम कभी-कभी यहाँ आया करेंगे।"

रवीश का आना-जाना बहुत बढ़ गया, कृति फोन पर मनु को भी बताती। रवीश आपके बहुत अच्छे दोस्त हैं, आपके यहाँ न होने पर हमारा बहुत ध्यान रखते हैं, खासकर माँ आपको याद कर परेशान न हों, इसलिए रोज ऑफिस से होते हुए जाते हैं। मनु बहुत खुश होता कि सब लोग अच्छी तरह हैं, मेरे न होने पर रवीश परिवार का इतना ध्यान रख रहा है।

इधर कुछ दिनों से मनु को महसूस हो रहा था कि माँ चुपचुप-सी रहती हैं, बस थोड़ी देर बात कर फोन काट देतीं। कुछ कहता तो बस यही कहतीं कि तू आ जा। कृति से पूछने पर उसने बताया कि शायद वो तुम्हें बहुत मिस कर रही हैं, बस एकदम शांत रहती हैं। फिर एक दिन कृति ने बताया कि आज माँ को डॉक्टर के पास लेकर गई थी मैं, इधर इन्हें कुछ याद नहीं रहता। डॉक्टर ने बताया है कि माँ को अलजाइमर हो गया है, लंबा इलाज चलेगा। मनु परेशान हो गया, उसने माँ से बात की तो ज्यादा कुछ नहीं बता पाई, कृति ने फोन ले लिया और बोली, माँ को डॉक्टर ने आराम करने और टेंशन से दूर रखने को कहा है, कहीं बाहर अकेले आने-जाने को भी मना किया है। मनु उदास हो गया ये सब सुनकर। अभी उसे पूरे चार महीने थे इंडिया वापस आने में। अब मनु की माँ से बात कम ही होती है। माँ का फोन कृति ही उठाती है तो वो कभी बताती कि माँ सो रही हैं, धीरे-धीरे उनकी याददाश्त बहुत कम होती जा रही है, तुमसे बात करने के बाद बहुत परेशान हो जाती हैं। मनु के बहुत कहने पर वो कभी-कभी वीडियो कॉल के जरिए माँ को दिखाती कि देखो सो रही हैं।

मनु की वापसी का समय आ गया, मनु जोरदार शॉपिंग कर रहा था, माँ के लिए उसने बहुत सारी चीजें लीं। कृति की तो रोज कोई-न-

कोई डिमांड होती। आखिर वो पल भी आ गया। मनु की फ्लाइट रवाना हो चुकी थी, अब सबसे मुलाकात के हसीन सपने पूरे होने का वक्त नजदीक आ रहा था, सुबह आठ बजे वो इंदिरा गांधी एयरपोर्ट पहुँच गया। रवीश और कृति उसे एयरपोर्ट लेने आए थे, वो बहुत एक्साइटेड था माँ से मिलने के लिए। उसने कृति से पूछा, "माँ···ठीक··· हैं न!"

कृति उसके इस सवाल से घबरा गई। झट से रवीश बोला, "हाँ-हाँ, घर तो चलो, बताते हैं।" गाड़ी उस घर पर रुकी, जिसे मनु पहली बार देख रहा था, शानदार फ्लैट देख वो फूला नहीं समा रहा था। कृति ने लॉक खोला और बड़े लाड़ से उसके गले में हाथ डालते हुए बोली, "वेलकम-वेलकम माई स्वीट हार्ट, आपका अपने घर में स्वागत है।" मनु अंदर पहुँचते ही 'माँ-माँ, कहाँ हो···माँ'? इधर-उधर देखता है।

रवीश उसे पकड़कर वहीं लॉबी में बैठाता है, फिर बताता है कि माँ करीब-करीब पंद्रह दिन से लापता हैं, हम लोग बराबर उनकी तलाश में लगे हैं, पर अभी तक कोई सुराग नहीं मिला। कृति ने एक दिन सुबह उठते ही बताया था कि माँ नहीं हैं घर पर, पूरा घर खुला हुआ है, लगता है माँ कहीं···। तभी से हमलोग बराबर कोशिश कर रहे हैं। मनु चिल्ला पड़ा, "मुझे क्यों नहीं बताया, अब तक क्या करते रहे तुम लोग? पुलिस में रिपोर्ट दर्ज कराई कि नहीं?" सवाल-पर-सवाल करता गया मनु। कृति को उसने झिंझोड़कर रख दिया, वो फूट फूटकर रो रही थी, कहती जा रही थी, "मारो मुझको, मार डालो, मैं माँ का ध्यान नहीं रख पाई, मैं गुनहगार हूँ तुम्हारी, मैंने बहुत कोशिश की, पर मनु···।" मनु अब थोड़ा सँभल चुका था, उसने कृति को सीने से लगाते हुए कहा कि "कम-से-कम मुझे बताया तो होता।"

रवीश भी फूट-फूटकर रो रहा था। "यार, तुम यहाँ से हजारों कोस दूर विदेश में थे, क्या बताते तुम्हें, और परेशान नहीं करना चाहते थे।

पुलिस परेशान करती, इसलिए अब तक रिपोर्ट दर्ज नहीं कराई। खैर, अभी हिम्मत नहीं हारे हैं, कोशिश जारी है, हम माँ को ढूँढ़ लेंगे एक दिन।" मनु ने फोन मिला फौरन थाने में रिपोर्ट दर्ज कराई।

तफ्तीश के लिए पुलिस आई। पुलिस की पूछताछ जारी है, "माँ कैसे कहाँ से गई होंगी!" बाहर वाचमैन ने बताया कि वो अभी दो महीने पहले यहाँ आया है, इस घर में इन दोनों के अलावा माँ को देखा ही नहीं। अब पुलिस की जाँच दूसरे रुख पर टिकी। पुलिस ने वाचमैन की बात किसी से जाहिर नहीं की। पुलिस पूरे घर की तलाशी ले चुकी थी। इससे पहलेवाले फ्लैट का पता पूछकर पुलिस अब वहाँ पहुँची। बताया गया कि "वहाँ तीन महीने से ताला लगा था, जब से हम लोग यहाँ आए हैं।" ताला तोड़ पुलिस अंदर पहुँची। अगर माँ नहीं मिल रही तो कहाँ हैं? खून हुआ है? तो लाश? पुलिस को जिस बात का शक था, उसमें भी वो नाकाम रही। अब पुलिस ने अकेले कृति से पूछताछ शुरू की, बस कृति फूट-फूटकर रोती और यही कहती, मार दीजिए मुझे, मैं अपनी देवी जैसी माँ का खयाल नहीं रख पाई। अचानक थानाध्यक्ष चौबेजी ने कहा कि "हम पुराने फ्लैट फिर जाएँगे।" जाँच के दौरान उन्हें पीछे खिड़की के पास एक सफेद बालों की लट दिखाई दी, पुलिस का शक पक्का हो गया कि माँ का खून किया गया है। पर लाश? चौबेजी फ्लैट के पीछे की खिड़की को जैसे ही पकड़ते हैं, उसकी छड़ें हाथ में आ जाती हैं, जिन्हें बड़ी सफाई से सैट किया गया था। अब मिस्टर चौबे (थानेदार) जैसे ही नीचे झाँकते हैं, बिल्डिंग का गटर दिखाई देता है, पूरा मामला समझते उन्हें देर नहीं लगती। माँ की लाश गटर में फेंकी गई थी। इधर लाश निकाली जाती है, उधर पुलिस रवीश और कृति को अरेस्ट करती है।

□

6

आधा है चंद्रमा

जब से बरखा ने बताया कि वो हाथ देख लेती है, हॉस्टल की सारी लड़कियाँ उसके पीछे लग गईं। हर समय उसके रूम में हाथ दिखानेवाली लड़कियों का जमघट लगा रहता। नीरजा, जो उसकी रूममेट थी, उसने कभी बरखा के सामने हाथ नहीं फैलाया कि मेरा भी हाथ देखकर भविष्य बताए। अकसर बरखा सोचती कि इसके मन में कोई जिज्ञासा क्यों नहीं है, नीरजा हमेशा ही शांत और सहज रहकर हॉस्टल की सभी गतिविधियों से भी निर्लिप्त रहती। न ज्यादा किसी से बातचीत करती और न ही किसी से मतलब-गरज रखती। उसे बस अपनी पढ़ाई से और पूजा-पाठ से मतलब था। रीना और उसकी साथियों ने तो उसका नामकरण कर उसे अम्माजी कहना शुरू कर दिया था।

लेकिन बरखा अवश्य सोचती कि इसके इतने शांत होने की जरूर कोई वजह होगी। एक दिन दोनों रूम में अकेली थीं, मौका देख बरखा ने उसे छेड़ दिया, “अरे यार नीरजा, मुझ जैसी बकबकी को तेरे जैसी बेमुँह की गाय ही मिलनी थी क्या? यार, कुछ तो बोला कर, हम लोगों से भी बात किया कर, सब मेरे पास अपने भविष्य के प्रति उत्सुक हो अपना हाथ दिखाने आते हैं, एक तू है, तूने मुझसे कभी कहा ही नहीं कि मेरा हाथ देख दो।”

बरखा की बात सुनकर नीरजा हौले से मुसकरा दी और उसने करवट बदलकर सोने का नाटक करना चाहा, किंतु बरखा जैसे आज ठान चुकी थी कि वो उसका हाथ भी देखेगी और हाल भी जानेगी। उसने उसको पकड़कर खींचते हुए कहा, "इस दुनिया में तेरे जैसा भी कोई शांत नहीं होता, तेरी ये बेइंतहा खामोशी और आँखों में छुपा दर्द बताता है कि तूने अपने अंदर कोई तूफान दबाकर रखा है।"

नीरजा उठकर बैठ गई थी और बरखा उसका हाथ पकड़े उसके भविष्य का पिटारा खोलने की तैयारी कर रही थी। सबसे पहले बरखा ने उसकी दोनों हथेलियाँ जोड़ीं तो चिल्ला पड़ी, "क्या खुबसूरत आधा चाँद बन रहा है यार, तुझे चाँद जैसा पति मिलेगा। वाउ···यार, तेरी भाग्यरेखा तो गजब की है, तेरी हथेलियों में उठे पर्वतों के उभार बता रहे हैं कि एक दिन तू राजरानी बनेगी।"

इतना बोलते ही बरखा ने देखा, नीरजा की हथेली में आँसू गिर रहे हैं, उसने हथेलियों से नजर हटा जैसे ही ऊपर देखा तो नीरजा की आँख में आँसुओं की झड़ी लगी थी। घबराकर वो चिल्ला पड़ी, "क्या हुआ यार, मुझसे कोई गलती हो गई क्या?" नीरजा बस जारो-कतार रो रही थी, कुछ बोल नहीं पा रही थी।

अब बरखा उसको ढाढ़स बँधाते हुए चुप कराने की कोशिश कर रही थी, "नीरजा डियर, तू पहले शांत हो जा, फिर बता कि आखिर हुआ क्या है?"

नीरजा ने खुद को सहज करते हुए कहा कि "मेरा चाँद-सा सुंदर पति अब इस दुनिया में नहीं है। ये तो कहो, हमारे घरवालों से ज्यादा समझदार और मेरे ऊपर रहम करनेवाली मेरी सासू माँ हैं, जिन्होंने मुझे आगे की पढ़ाई जारी रखने में मेरा सहयोग किया है। यार बरखा, मेरा तो पूरा जीवन ही बेरंग और नीरस हो चुका है, अब तू

क्या बताएगी मेरा भविष्य···।" ये कहते हुए वो सिसक-सिसककर रोने लगी।

बरखा टूटी-बिखरी नीरजा को हौसला बँधाते हुए सहेजने और समेटने की कोशिश कर रही थी, "देख नीरजा, जिंदगी से इतनी भी क्यों मायूस है तू? अगर जिंदगी है तो भगवान् तेरे जीवन में फिर रंग भरेंगे, अब तक जो हो रहा है, वो अंतिम थोड़ी है, जरा सकारात्मकता से सोचो, तुम्हारी सासू माँ कितनी महान् हैं, जिन्होंने तुम्हें पुनः पढ़ाई का अवसर प्रदान किया, पता है अपनी पढ़ाई पूरी कर तू क्या बनेगी, जो तूने ठानी होगी। धन्य हो तेरी सासू माँ, जिन्होंने तेरे सुनहरे भविष्य की परिकल्पना कर आज तुझे इतनी बड़ी यूनिवर्सिटी में पढ़ाई के लिए हॉस्टल भेजा है। तू उनके जज्बे और अपने सपने को साकार करने में दिलोजान से जुट जा, फिर देखना, तेरी जिंदगी कितनी खुशहाल और इंद्रधनुषी रंगों-सी खूबसूरत होगी। उठ, अपने आँसू पोंछकर और मायूसी का जो लबादा तूने ओढ़ रखा है, उसे उतारकर फेंक।" बरखा उसकी ठोढ़ी अपने हाथ से उठाते हुए गाना गा रही थी—

पोंछकर अश्क अपनी आँखों से मुसकराओ तो कोई बात बने,
सिर झुकाने से कुछ नहीं होता सिर उठाओ तो कोई बात बने।

□

7

उसका घर

वृद्धाश्रम में आने के पश्चात् चाहते हुए भी वीणा अपने अतीत की परछाइयों से मुक्त नहीं हो पा रही थी। कोई परछाइयों से भाग भी कैसे सकता है, इतना आसान नहीं होता सबकुछ भूलना। लॉन में टहलते-टहलते वीणा अतीत के उस पड़ाव पर पहुँच गई, जब वह एक नन्ही सी चिड़िया के समान अपने घर-आँगन में चहकती फिरती थी। अकसर उसका अपने भैया से झगड़ा होता, तब दादी तुरंत बोल पड़तीं, "अरी चिरैया, भाई है तेरा, हम तो एक दिन मरकर चले जाएँगे। जब तू पराए घर की हो जाएगी, इसी से तेरा पीहर चलेगा।"

वीणा दादी से पूछती, "ये मेरा घर नहीं है क्या? मैं क्यों जाऊँ दूसरे घर?"

"अरे बिटिया, तू तो पराई अमानत है, तेरा घर-संसार तो तेरी ससुराल ही होगी।" इस तरह की बातें सुनने की वह अभ्यस्त हो गई थी। सयानी होने की दस्तक के साथ उसके ब्याह की बात चल पड़ी। अपना घर, पति परमेश्वर, सपनों का राजकुमार आदि अनेक लुभावने सपने सँजोए आखिरकार वीणा ब्याहकर अपनी ससुराल आ गई।

अपनी कार्यकुशलता, मधुर एवं शांत स्वभाव से उसने पति व परिवार के प्रत्येक सदस्य का मन मोह लिया। सारे दिन का कामकाज निपटाते हुए शाम हो जाती, तब कहीं जाकर फुरसत के कुछ पल अपने लिए निकाल पाती। रोज की तरह वीणा सब काम निपटाकर अपने कमरे में रेडियो ऑन कर आँखें बंद किए मंत्रमुग्ध होकर गाना सुन रही थी और हौले-हौले गुनगुना भी रही थी—'एक तेरा साथ हमको···दो जहाँ से प्यारा है···तू है तो···।' तभी समय से पूर्व पधारे पति की आवाज कमरे में गूँज पड़ी, "महारानी, ये तुम्हारा घर नहीं ससुराल है, कोई देखेगा तो क्या कहेगा कि बहूरानी आराम से पाँव पसारे गाना सुन रही है, ये अच्छी बहू के लक्षण नहीं हैं।" रमेश के तेवर से वो विस्मित हुई और उसे लगा जैसे उसे किसी ने अंदर तक झकझोर दिया है, वो काठ-सी हो गई। तुरंत रेडियो का स्विच ऑफ किया और होंठों पर मधुर मुसकान बिखेरती हुई क्षमायाचना कर किचिन की ओर चाय बनाने चल पड़ी। गैस में चाय चढ़ाकर न जाने कहाँ खो गई, अचानक उबाल से चौंकी, कुछ ऐसा ही उबाल उसके अंतर्मन में भी उठ रहा था। वो सोच रही थी कि सच ही कहा है किसी ने 'पराधीनता ही नारी का जीवन है।' इस बीच स्वयं को सहज करने की कोशिश भी कर रही थी वीणा।

अतीत के झरोखे से वह दूर देखती अपने जीवन के उस पड़ाव पर पहुँची, जब उसके दोनों बेटों दीपक और सोहम का विवाह हो चुका था। बड़ा बेटा विदेश में बस चुका था और छोटा बेटा पूना में। पक्षाघात से रमेश की मृत्यु हो चुकी थी और अब वीणा अपने घर-संसार में अकेली खुशनुमा यादों के सहारे अपना जीवन काट रही थी। अबकी दीपावली में दोनों बेटे सपरिवार आए। इस वक्त सूना घर बच्चों की किलकारियों से गूँज रहा था, हर तरफ खुशियाँ-

ही–खुशियाँ। वीणा का मन प्रफुल्लित हो उठा। दोपहर में लंच के समय अवसर देख दोनों बेटों ने माँ के समक्ष प्रस्ताव रखा, "माँ! अब आपका यहाँ अकेले रहना ठीक नहीं है (दीपक बोले जा रहा था और वह खामोशी से सुन रही थी), माँ, तुम सोहम के साथ पूना चली जाओ, वहाँ आराम से सबके साथ रहना, मैं भी आपको पैसे भेजता रहूँगा।"

वीणा बोल पड़ी, "लेकिन बेटा, ये घर···।" बात पूरी भी नहीं कर पाई थी कि सोहम बोला, "घर की चिंता छोड़ो, अब हम इसको बेच देते हैं, यहाँ किसको रहना है।" वीणा ने अपने बेटों की इच्छा के आगे सिर झुका दिया और अंततः सोहम के साथ पूना आ गई।

पूना आकर अपने पोती–पोते के साथ, वो बहुत खुश थी। कभी–कभी छोटी बहू के रूखे व्यवहार से अचंभित होती, सोचती कि एक हमारा समय था कि पति ने जो कह दिया, वो पत्थर की लकीर था, पर आज की आधुनिक नारी···उसकी बहू अंजू वही करती, जैसी उसकी इच्छा होती। वीणा सबकुछ देख शांत और सहज रहती, वो पहले से ही बहुत समझदार थी, समय की बदलती धार तथा परिवेश से सामंजस्य करना उसे खूब आता था।

न जाने क्यों अतीत उसका पीछा नहीं छोड़ रहा था, अंदर से सागर में उठी लहरों की तरह हिलोरें मार रहा था, उसका मन खिन्न हो गया, यकायक उसे अपने जीवन का वो अभिशप्त दिन याद आ गया, जो उसे इस वृद्धाश्रम तक ले आया था। उस काले दिन को याद कर सिहर उठी। वह अपने कमरे से निकल रही थी, तभी अंजू के चिल्लाने की आवाज से ठिठक गई, "बुढ़िया को अच्छा तुमने मेरे गले बाँधा है, वे विदेश में मौज कर रहे हैं, इधर महारानी पूरे कमरे में विराजमान हैं, आज मेरी किटी पार्टी है, मैं क्या करूँ?"

सोहम उसे गिड़गिड़ाते हुए चुप करा रहा था, "चुप रहो यार, माँ सुन लेंगी, मैं खुद व्यवस्था कर रहा हूँ, माँ को किसी अच्छे ओल्ड होम में भेजने की, फिर हम भी भैया की तरह सुख-चैन से रहेंगे, ये मत भूलो कि उन्हें रखने के कारण ही हमें मकान के पैसे ज्यादा मिले थे।"

दीवार के उस पार खड़ी वीणा ये सब सुनकर अपने हवास खो चुकी थी, वह लड़खड़ाकर गिरने ही वाली थी कि न जाने किस अदृश्य शक्ति ने उसे सँभाला, उसकी आँख से अविरल बहते आँसू थमने का नाम नहीं ले रहे थे। हिम्मत से स्वयं को सँभालती, आँचल से आँसू पोंछती हुई बाहर की ओर बढ़ी।

सोहम पीछे से भागता आया, "माँ···कहाँ जा रही हो?"

उस क्षण उसे लगा कि पलटकर उसके मुँह पर एक जोरदार तमाचा जड़े और पूछे कि एक माँ के दूध का कर्ज तूने बहुत अच्छा चुकाया, परंतु सिर्फ इतना कह आगे बढ़ गई, "मंदिर।" और बाहर की ओर आ गई।

आज उसका मन बहुत अशांत और बोझिल था, एक नारी के जीवन भर के अर्पण और त्याग का, यह कैसा प्रतिफल? कहाँ है उसका घर? नदी की धार-सा इधर-उधर बहते हुए अंततः समुद्र में विलीन होना ही क्या नारी का जीवन है? जहाँ जन्मी वो घर उसका नहीं, जहाँ ब्याही गई, वो पति का घर और नौ महीने, नौ दिन अनगिनत कष्टों को सहती जिस संतान को जन्मती और पालती-पोसती है, उनका ये हाल। उसे महसूस हुआ, सबमें खुद को समाहित करते-करते आज वो अपना अस्तित्व खो चुकी है। वीणा सरेराह घिसटती हुई लुटी-पिटी भिखारिन-सी मंदिर में प्रविष्ट होकर देवी माँ के समक्ष खड़ी रो-रोकर पूछ रही थी, "कहाँ जाऊँ, अब तू ही बता? इतना सबकुछ करने के

बाद क्या है इस संसार में मेरा? कहाँ है मेरा घर?" वो वहीं मूर्च्छित होकर गिर पड़ी, होश आने पर वह मंदिर के पुजारी के पास बैठी अपनी व्यथा सुनाने पर मजबूर थी, अब उस घर नहीं जाना चाहती थी, इसी पुजारी ने उसे इस वृद्धाश्रम तक पहुँचाया, इन्हीं यादों में डूबती-उतराती वीणा अपनी खोई हुई अस्मिता और अस्तित्व को तलाश रही थी।

□

8

हमारा घर

पाखी अपनी माँ की एक ही बात सुन-सुनकर बड़ी हुई थी, वो उसे आज भी याद है—'पाखी बेटा, खूब अच्छी तरह पढ़ ले, मेरी एक बात गाँठ बाँध ले बिटिया रानी कि तुझे अपने पैरों पर खड़े होना है।' लेकिन एक बात जो माँ नहीं कह पाती थी, पर वो बात कहीं-न-कहीं उसके मन में खटकती थी। पाखी ने अपने अंदर बहुत शिद्दत से माँ की उस अनकही बात को एक अज्म के रूप में ठान लिया था। उसने बहुत मेहनत से पढ़ाई की और उसे आई.सी.आई.सी.आई. बैंक में जॉब भी मिल गई। उसने अपनी माँ का उसे दिखाया सपना पूरा कर लिया था, लेकिन अभी उसका खुद से किया एक अज्म बाकी था। पाखी बैंक में अपनी हिम्मत से ज्यादा मेहनत करती, सब उसे समझाते कि अभी तुम्हें इतनी सी उम्र में ओवरटाइम करने की क्या जरूरत है, पर किसी की एक न सुनती, बस काम, काम और काम। न कहीं घूमना-फिरना, न ही कोई शौक पूरा करना आदि। दिन-रात काम की धुन, इस तरह उसने पूरे दो वर्ष गुजार दिए। सब उसे कंजूस-मक्खीचूस कहते और मजाक-मजाक में अकसर उससे उसका बैंक बैलेंस भी पूछते, वो मुसकराती और बस अपने काम में लग जाती। इधर पाखी दो-तीन दिन से रजत, अपने बैंक के एक कलीग के साथ, बैंक से छूटते ही न जाने कहाँ जाती? लोगों की

खुसुर-पुसुर भी शुरू थी, लेकिन उसने किसी की बातों की परवाह न की, बस सबको किसी बड़े सरप्राइज से चौंकानेवाली थी, उसकी बैंक मैनेजर से भी कुछ गुप्त वार्त्ता चल रही थी।

आज पाखी ने माँ को फोन करके बैंक बुलाया, उसे उनको लेकर कहीं जाना था। माँ पाँच बजते ही बैंक पधार चुकी थी। पाखी उन्हें अपने साथ स्कूटी पर बिठाकर जाते हुए खुशी से फूली नहीं समा रही थी, माँ पूछ रही थी, "कहाँ चल रही है तू? कुछ बोलती क्यों नहीं?"

तभी स्कूटी बसंत विहार कॉलोनी के अंदर जाकर रुकी, वो दोनों लिफ्ट में गईं, थर्ड फ्लोर का ऑपशन पुश करते ही पाखी ने माँ से कहा, "प्लीज माँ, अपनी आँखें बंद कर लो," एक क्षण में दोनों एक खूबसूरत फ्लैट में खड़ी थीं, फिर पाखी ने माँ से कहा, "माँ, आँखें खोल लो, अपनी आँखों से माँ हमारा अपना एक घर देखो।"

माँ फटी-फटी आँखों से ये सब देखकर विस्मित थी। पाखी की आँखों से खुशी के आँसू बह रहे थे, वो फ्लैट की चाबी और पेपर आँसुओं से भीगी माँ को सौंपती हुए कहती है, "माँ, ये फ्लैट आपके नाम है, ये हमारा घर है, अब यहाँ से कोई कभी आपको निकालने की हिम्मत नहीं करेगा, पापा के गुस्से से निकालने और आपको मायके जाकर रहने पर मामी की दुत्कार नहीं सुनने को मिलेगी, बहुत दंश सहा है आपने, करारी चोट खाई है, आपकी अस्मिता और अस्तित्व ने उम्र भर इस एक छत के लिए। आपकी प्रेरणा ही मुझे यहाँ तक लाई है माँ! भगवान् ने आज हमारे दोनों सपने साकार किए हैं।" यह कहकर वो माँ के पैरों में गिर पड़ी।

□

9

विनी की साइकिल

मधु आज बहुत बहुत उदास थी, अंदर-ही-अंदर टूट और बिखर रही थी! लेकिन किसी को कुछ जाहिर नहीं होने देना चाहती थी, सो खुद-से-खुद को समेटते हुए चेहरे पर हमेशा की तरह मुसकान सजाए घर की बिखरी चीजों को समेट रही थी। सारा दिन इधर-उधर करती हुई खुद को बिजी रखने की कोशिश कर रही थी। न जाने कितनी बार छुपकर अपने आँसू, जो न चाहते हुए भी निकल रहे थे, उसे पोंछ लेती। कुशल सब देख रहे थे, पर उनको क्या, बस सबके काम हो रहे थे, उनकी मिजाज-पुरसी होती रहे, बाकी किसी को क्या फर्क पड़ता है? वो रह-रहकर सोच रही थी कि विनी कितनी बड़ी और समझदार हो गई है, अब उसे किसी की जरूरत नहीं रही, कुछ ऐसा ही दिखाना चाहती है, वो बात-बात पर चिड़चिड़ा जाती है। पर मैं माँ हूँ उसकी, सब समझ रही हूँ कि कहीं वो अंदर से परेशान है और खुद को अकेला महसूस कर रही है। कहना भी चाहती है, लेकिन कह भी नहीं रही। बचपन से ही ऐसी है विनी, कभी अपनी बात या जरूरत किसी से कहेगी ही नहीं। ये मधु अच्छी तरह जानती है, इसी बात को लेकर माँ-बेटी में तकरार हुई कि "तू हमेशा हर बात मुझसे छुपाती क्यों है?" "कोई बात नहीं है मम्मी," वो चिड़चिड़ाकर बोली।

मधु भी थोड़ा परेशान थी तो झुँझला गई, "तू बचपन से ऐसी ही है, जब कुछ बिगड़ जाता है, तभी बताती है। मैं तुझसे परेशान हो गई हूँ।"

दूसरी तरफ से ये जवाब आएगा, मधु को ऐसी उम्मीद नहीं थी। "छोड़ो मम्मी, तुम लोग अब मेरे लिए परेशान मत हो, मुझे जो करना है, मैं खुद करूँगी।" मैंने बस इतना कहा कि "तुम्हारे लिए जितना करो···" बस फौरन वो बिफर पड़ी। "वही किया है तुमने, जो सबके माँ-बाप करते हैं," और उसने फोन काट दिया। मधु अंदर से हिल गई, उसे उम्मीद नहीं थी कि विनी ऐसे बोलेगी, उसे लगा कि जैसे उसकी तीस वर्ष की तपस्या, उसकी कुरबानी सब मिट्टी में मिल गई हो। आधी रात को अपनी बेटी, जिसको वो अपनी जिंदगी समझती है, जिसके बड़े होने के लिए वो इतना सब सहती आई थी। मधु जैसे आसमान से गिरकर खजूर में अटक गई, रात भर सोई नहीं। सुबह से उठकर वैसे ही अपने काम में लगी। सोच रही थी अपनों की, फिर अपनी औलाद की बात किससे कहती, साथ ही ये भी दुःख की विनी किसी बात को लेकर बहुत परेशान है, वो इस वक्त उसकी परेशानी साझा भी नहीं कर सकती। इतनी दूर है कि जाना भी आसान नहीं। इसी उधेड़बुन में बिंधी रही मधु। जैसे ही राजू (बचपन से रहकर गाड़ी चलाने से लेकर घर के सब काम करता है) आया, "राजू, चलो आज स्टोर में जो कबाड़ भरा है उसे साफ करते हैं।" जैसे ही स्टोर खोला, राजू अंदर गया, एक-एक सामान बताता, अगर मैं कहती अलग करो, उसे बाहर कर देता। इतने में मुझे विनी की छोटी साइकिल दिखी, जिसे मैंने बड़े सँभालकर रखा था।

राजू बोला, "आंटीजी, जंग लग गया, बिल्कुल जाम हो गई है, इसे भी अलग करो।"

"अरे नहीं-नहीं," उस साइकिल को देख मधु की आँखें छलछला पड़ीं। उसके आँसू रुकने का नाम नहीं ले रहे थे। भर्राई आवाज में बोली, "राजू, तू अभी उधर जा, देख इनको कोई काम न हो।" उसे एक-एक कर सब याद आया, उन दिनों जब हमारे हालात बहुत खराब थे, ये साइकिल उसने कितनी जद्दोजहद कर विनी को दिलाई थी, कुशल कितना नाराज हुए थे उस पर! दो दिन तक घर में कलह रही थी, लेकिन विनी को सरपट साइकिल चलाते देख आखिर कुशल भी खुशी से फूले नहीं समा रहे थे। गुजरे वक्त के दर्द आज भी टीस पैदा करते हैं। ये मधु से ज्यादा कौन समझेगा। उसे याद आया वह वक्त, जब कुशल का एक्सिडेंट हुआ था। एक तो कुशल की हालत खराब, दूसरे बिजनेस भी बिल्कुल फेल हो गया। बड़ी हिम्मत से मधु ने ट्यूशन, सिलाई, बुनाई कर घर सँभाला। विनी की परवरिश भी इन्हीं झंझावातों के कारण मुश्किल से हुई। पर मधु हार माननेवालों में से नहीं थी, उसने विनी का एडमिशन सेंट जेवियर में ही करवाया। एक दिन विनी डॉक्टर वर्मा की बेटी, जो हमारे पड़ोसी थे, के जन्मदिन पर गई। जब आई, बहुत खुश थी उस वक्त, लगभग पाँच या छह बरस की रही होगी।

"मम्मी, अंकल ने रीमा को बहुत अच्छी साइकिल दिलाई है।"

"मम्मी···मम्मी···मैंने भी साइकिल चलाई···।"

"अरे तूने···कैसे···? तूने तो कभी साइकिल चलाई ही नहीं, फिर···।"

विनी बोली, "मम्मी, रीमा तो चला भी नहीं पा रही थी, पर मैं···।" मैंने विनी के चेहरे पर झलक रही बेइंतहा खुशी पढ़ ली और मन-ही-मन ठान लिया कि विनी को भी मैं ऐसी ही साइकिल दिलाऊँगी। मैंने उस साइकिल के दाम मिसेज वर्मा से पूछे तो उन्होंने बताया कि साढ़े तीन

हजार। मैं सकते में, तीन सौ जुटाना उस वक्त मुश्किल था। मैंने विनी का पिगी बैंक तोड़ा। दिन–रात सिलाई की। विनी की सुशीला मौसी ने भी पैसे मिलाए और आखिर विनी की साइकिल आ ही गई। साइकिल के आते ही घर का हंगामा भी मुझे याद है, ये सब सोचकर मधु फफककर रो पड़ी। उसके अंदर का अवसाद अब कम हो रहा था। मधु सोच रही थी कि आज वो जरूर विनी को प्यार से समझाकर पूछेगी उसकी परेशानी, कुछ तो हल निकालना ही पड़ेगा।

□

10

काकी का कुनबा

काकी का पार्थिव शरीर बड़ी बखरी में रखा गया था। रामू काका ने काकी के फोन से सबको खबर कर दी थी, अबकी बार जब बड़के भैया आए तो सबके नंबर फीड कर काकी को एक मोबाइल फोन पकड़ा गए थे। उन्होंने लेने से ना-नुकुर की, "अरे बेटा, मुझसे इसे चलाते तो बनेगा नहीं, क्या करूँगी, अब बुढ़ापा है।"

फिर बड़के भैया ने उनको समझाया था कि "बड़ी अम्मा, आप केवल इसे अपने पास रखिएगा, घंटी बजे तो हरा बटन छूकर कान में लगा लीजिएगा, कम से कम आपके हालचाल तो हम लोग ले लिया करेंगे।" बड़के भैया के समझाने पर काकी ने फोन ले लिया और अब काकी सबको खुशी-खुशी दिखाती भी…" देख मेरा बड़का कितना ध्यान रखता है, दस हजार रुपए का फोन दे गया मेरे हाल जानने को, इसमें बात करते-करते सब दिखाई भी देते हैं।" तब से इस फोन को रामू काका ही इस्तेमाल करते। रामू काका इस गढ़ी के सबसे पुराने नौकर रघु दादा के बड़े पुत्र हैं, उन्होंने अपना पूरा जीवन ही इस गढ़ी और चौधरी परिवार की सेवा में व्यतीत कर दिया। शुरू से काकी की छत्रच्छाया में रहे और समय का चक्र कुछ ऐसा चला कि अब काकी के अंतिम दिनों में रामू काका और गौरी ताई ने ही उनकी सेवा की। मैं

भी जब से इस गाँव में ग्रामसेवक नियुक्त हुआ और काकी से मेरी भेंट हुई, तब से इसी गढ़ी के अतिथिगृह को मेरे लिए खोल दिया गया। यहाँ तक कि अकेलेपन से घबराती काकी अकसर खाना भी मुझे अपने साथ ही खिलाती। गाँव में जिसे काकी का आशीर्वाद और स्नेह प्राप्त हो गया, मानो वो धन्य हो गया। जब से आया इस गाँव में, मजाल जो कोई मुझे कुछ कहकर निकल जाए। काकी के इस तरह अचानक चले जाने से मेरा मन बहुत व्यथित था। मैं और रामू काका थोड़ी-थोड़ी देर में उन्हें निहारते हुए रो पड़ते, गौरी ताई तो वहाँ से हिल ही नहीं रही थीं, बस यही कह-कहकर रो रही थीं, "अब का करिबे, काकी, सब सून कर चली गईं हम सबका छोड़कर।" जैसे-जैसे खबर फैल रही थी। गढ़ी में लोगों के आने का ताँता लग रहा था, अंदर-बाहर भीड़ बढ़ती जा रही थी। काकी के कुनबेवाले भी आते जा रहे थे। बड़ा मल्हार गाँव से लेकर आसपास के छोटे-छोटे पुरवों से भी लोग काकी की मौत की खबर सुनकर आ रहे थे, सभी लोग अचंभित और बेहद दुःखी थे, गढ़ी में हर तरफ मातम छाया था।

काकी जब बड़ा मल्हार गाँव के सरपंच चौधरी परिवार में ब्याहकर आईं, उस समय उनकी आयु मात्र तेरह वर्ष की थी। चौधरी परिवार की सबसे बड़ी बहू बनकर आई थीं। संयुक्त परिवार और बड़की बहू की उम्र तेरह साल, काकी अपने मायके के परिवार की भी सबसे बड़ी संतान थीं, फिर एक लड़की, नौ बरस की उम्र में ही चूल्हा-चौका करने लगी थीं। इसलिए ससुराल में आकर भी उन्होंने अपनी दादी सास की छत्रच्छाया में बढ़िया से सब घर-गृहस्थी सँभाल ली थी। अपने मायके में काकी बड़े घर की बहू कहलाती। उनकी ससुराल में पैतृक जमींदारी थी और काकी के ददिया ससुर जब से गाँव के सरपंच चुने गए, तब इस चौधरी परिवार के अदल-ओ-इनसाफ की ऐसी तूती बजी कि आज

तक सरपंच-व्यवस्था के खत्म हो जाने पर भी पूरा गाँव इस परिवार से न्याय का आसरा लगाता आया है। काकी का जब ब्याह हुआ, उनकी कौमार्य की भी आयु पूरी नहीं हुई थी। ससुराल में आकर ही उनकी पहली बैठकी लगी, पर तब तक काकी विधवा हो चुकी थीं। गाँव की आपसी रंजिश में बड़े चौधरी (काकी के पति) और बड़े सरपंच (काकी के ददिया ससुर) की पुश्तैनी रंजिश में हत्या कर दी गई थी। उनकी हत्या से पहले इसी रंजिश के कारण काकी के सास-ससुर को जहर देकर मारा जा चुका था, उस समय काकी यहाँ ब्याहकर नहीं आई थीं। काकी और उनकी अक्का (ददिया सास) ने ऐसे बुरे समय में पूरे परिवार की बागडोर ऐसे सँभाली कि पूरा गाँव दंग रह गया। दुश्मनों के छक्के छुड़ा दिए, काकी ने ऐसे समय में जब औरतों का, खासकर गाँव की औरतों का बाहर की दुनिया से संपर्क रखना मुहाल था, काकी के बुलंद हौसले को पूरा गाँव सलाम करता। छोटे चाचा और बुआ लोगों की बागडोर अक्का ने सँभाली और जब तक मँझले चाचा और छोटे चाचा इस लायक न हुए तब तक सरपंची और जमींदारी की कमान और चार-चार हत्याओं के मुकदमों की जिम्मेदारी के लिए कोर्ट-कचहरी तक की पैरवी काकी ने ही की। दुश्मनों की तरफ से उन्हें बदनाम भी खूब किया गया, कोई मर्दुआ औरत कहता तो कोई यहाँ तक कहता कि आते ही एक खसम खा गई दो-दो खसमोंवाली। पर उन्होंने कभी किसी की एक न सुनी, हर बात को इस कान से सुनकर उस कान से उड़ा देतीं और मछली की आँख की तरह निशाना साधे बस अपने परिवार के साथ-साथ पूरे गाँव की कमान सँभाले रहीं।

मँझले चाचा, छोटे-छोटे चाचा, तीनों बुआओं का ब्याह हो गया। सबके बाल-बच्चे भी बड़े हो गए। काकी ने परिवार में बच्चों की पढ़ाई पर खूब बल दिया, सब बड़े होकर पढ़ाई और नौकरी के लिए गाँव से

बाहर निकल गए। इस बीच काकी के इतने बड़े कुनबे में पहले अक्का खत्म हुईं लंबी बीमारी के बाद, फिर चंद ही दिनों में मँझले चाचा की मृत्यु दिल का दौरा पड़ने से हुई। मँझले चाचा और छोटे चाचा काकी का दायाँ-बायाँ हाथ कहलाते थे। सब कहते हैं, मँझले चाचा की मौत के समय पहली बार काकी बहुत टूटकर रोईं और तड़पी थीं, फिर उन्होंने सीने पर पत्थर रख सबकुछ सँभाल लिया। इसके बाद छोटे चाचा को जब लकवा लगा तो उनके छोटे पुत्र कँवल भैया उन्हें और चाचीजी को अपने साथ जबलपुर ले गए। अब गाँव में केवल मँझली चाची और काकी रह गई थीं। बड़के भैयाजी (मँझले चाचा के सबसे बड़े पुत्र) तहसीलदार हो गए थे, उन्होंने बहुत कहा कि अब आप सब दुनियादारी छोड़-छाड़कर मेरे साथ चलें, पर काकी यही कहतीं, छुटका (मँझले चाचा का छोटा बेटा) और कँवल (छोटे चाचा का इकलौता बेटा) सब तो कहते हैं भैया, किसके-किसके साथ जाऊँगी, अपनी अम्मा को ले जा, घुमा ला शहर, मुझे अब यहीं रहने दे, मेरी चिंता न किया कर, पूरा गाँव बुढ़ापे में लड़ियाता है मुझे, अब इन्हीं के बीच मरने दे लाला! होली-दीवाली में तुम सब आ जाते हो तो मेरा खूब जी भर जाता है, फिर रामू काका की ओर इशारा करती कि इन दोनों को कहाँ जाऊँ छोड़कर, ये भी तो मेरे अपने हैं, जब से आई हूँ शादी होकर इसी परिवार में इन्हें रहते पाया है, घर-बार सब तजियाकर हमारी सेवा में जुटे हैं।"

काकी तैयार नहीं थी जाने को तो मँझली चाची भी कहतीं, "मैं बड़की भौजी को अकेला छोड़कर कहीं नहीं जानेवाली," पर आज से लगभग दो साल पहले ऐसे छोड़कर गई हमेशा के लिए, काकी को अकेला कर गई, उनके जाने के बाद अकसर काकी फूट-फूटकर रोतीं और बस यही कहतीं कि बारी-बारी सब चले गए मुझ अभागन को अकेला...करके। हे भगवान्, क्या मुझको इस संसार में काला कौआ

खिलाकर भेजा है, मेरी मुक्ति की कोई राह नहीं दिखाता भगवान् और कितने लोग मुझ राड़-बेवा को छोड़कर जाएँगे, अब बस भी कर ईश्वर, मुझे इस संसार से उठा ले। आज वाकई हम सबकी प्यारी काकी इस दुनिया से चल बसीं, मैं उनके पार्थिव शरीर को टकटकी लगाए देख रहा हूँ और सोच रहा हूँ अभी सबके आते ही, यह पार्थिव शरीर भी यहाँ से विदा हो जाएगा। अब जा रही हैं काकी अपने गंतव्य पथ पर, हम सबको छोड़कर। सब-के-सब, उनका पूरा कुनबा रो-रोकर यही कह रहा है, अपने कुनबे को बहुत अकेला कर चली गईं काकी। काकी कभी अकेली नहीं थीं, पूरी कायनात समाई थी उनमें, कभी भीड़ थीं, वो अपने गाँव के लिए तो कभी एक साथ सब रिश्तों का पुंज-सी थीं वो अपने में पूरी, आज उनके बिना कोई पूरा नहीं। हो गए हैं, अपने में सब अकेले।

□

11

धूप-छाँव

अचानक बेटी वीरा को अकेले आया देखकर माँ की घबराहट बढ़ गई थी, लेकिन अपनी घबराहट को छुपाकर सुशीला खुशी का इजहार करते हुए पूछती है, "अरे वीरा, तू अचानक!"

वीरा भी सीधा-सपाट कुछ न कहकर माँ के गले लगकर वहीं उनके पास बैठते हुए बोली, "अम्मा, तेरी याद आ रही थी तो आ गई! तूने इत्ती दूर ब्याह तो कर दिया, पर कभी कोई खैर-खबर नहीं लेता मेरी, सो मैं ही आ गई। अकेली रहे-रहे ऊब जाती हूँ अम्मा, अब अपने जीवन से थक चुकी हूँ, आज तेरे पास रहकर कल चली जाऊँगी!"

"बेटा, जिंदगी न बस धूप-छाँव का एक सफर है, जहाँ चलते-चलते कहीं धूप है, तो कहीं छाँव है। बस ऐसे ही हम सब धूप-छाँव में लुका-छुपी का खेल खेलते हुए इस जिंदगी को बसर करते हैं!"

अम्मा की बातें सुनकर वीरा शांत, बिल्कुल शांत रही। इस समय वह सोच रही थी कि जो दुखड़ा लेकर उनके पास आई थी, वह उन्हें सुनाए कि नहीं? माँ तो आखिर माँ ही होती है, बेटी का हाल उनसे छुपा नहीं था, वीरा के दिल का सारा दर्द उसकी लाल सुर्ख आँखों और पीले पड़े चेहरे से झलक रहा था। माँ बेटी को बहला रही थी, वह उसकी दुखती रग पर हाथ रखकर उसके दर्द को और बढ़ाना नहीं चाहती थी।

इसीलिए उसे अपनी बातों से हौसला दे रही थी और बेटी सब समझ रही थी कि अम्मा उससे क्या कहना चाहती है?

वीरा माँ के नाम एक चिट्ठी छोड़कर सवेरे जा चुकी थी—'माँ, मैं जा रही हूँ, पर वहाँ नहीं, जहाँ तूने ब्याहा था! अम्मा तुम कह रही हो कि जिंदगी धूप-छाँव जैसी है, पर मैं तो सात बरस हो गए अभी तक धूप में ही चल रही हूँ। राजन का दूसरा विवाह कर रही है मेरी सास! सच ही तो है, मैं उन्हें अभी तक क्या दे पाई हूँ? उन्हें अपनी वंशबेल बढ़ानी है, मैं सौत बनकर नहीं रह सकती। दिल्ली जा रही हूँ, सुरेखा ने अपने पति की कंपनी में पैकिंग का काम दिला दिया है, वहीं कंपनी के वर्किंग वुमेन हॉस्टल में रह लूँगी। तुम परेशान न होना, अम्मा! बस आशीर्वाद दो कि तुम्हारी बिटिया को धूप-छाँव दोनों मिलें, मुझे सिर्फ छाँव की तलब नहीं है।

□

12

फैसला

इरा ने विवाह के लिए दो टूक इनकार कर घर में एक नया तूफान खड़ा कर दिया था। अम्मा ने जैसे ही उसके बाबूजी को हिम्मत कर इरा का फैसला सुनाया, बाबूजी ने कोहराम मचा दिया, बाबूजी इरा ब्याह नहीं करना चाहती यह सुनकर अम्मा पर ज्वालामुखी की तरह फट पड़े, "और पढ़ा लो ऊँची पढ़ाई, कर लो मनमानी, सिर पर बैठा लिया है तुमने इस लड़की को, समझा लो, इलाहाबादवालों ने इसको पसंद कर लिया है, अगर कुछ ऊँच-नीच हो गई तो हम बरबाद हो जाएँगे!"

अम्मा ने एक बार फिर कोशिश की इरा को समझाने की, लेकिन उसके कानों पर जूँ न रेंगी, वह अब अम्मा पर बमक रही थी, "अम्मा, तुम कान खोलकर सुन लो और बाबूजी को समझा दो, मैं जब तक अपने पैरों पर खड़ी नहीं हो जाती, तब तक ब्याह नहीं करूँगी और दहेज देकर मेरी शादी करने का सपना भूल जाओ! मैं अपना हाल रूबी दीदी की तरह नहीं होने दूँगी!" यह कहकर वह रो पड़ी, फिर गिड़गिड़ाते हुए बोली, "प्लीज अम्मा, बाबूजी को समझा दो, अभी 12 जून को मेरा यू.पी.एस.सी. का एग्जाम है, मुझे चैन से परीक्षा देने दो, मेरी अम्मा!" वह रोते-रोते हाथ जोड़कर माँ के सामने खड़ी हो जाती है।

अम्मा को बिटिया की हालत पर तरस आ जाता है और वह पति के सामने एक चट्टान की तरह खड़ी हो जाती हैं, "सुनोजी, मैं कहे देती हूँ, तुम इस इलाहाबाद वाले रिश्ते को इनकार कर दो, साल भर लड़की ने दम लगाकर पढ़ाई की है और अब उसकी परीक्षा को भी दो-तीन दिन ही रह गए हैं, उसे चैन से परीक्षा देने दो!"

बाबूजी फटे हुए ज्वालामुखी के लावे की तरह शांत हो चुके थे अथवा समझ गए थे कि अब उनकी दाल नहीं गलनेवाली। इरा की परीक्षा हो गई थी और आज परिणाम भी आ गया था, घर में खुशी के मारे लड्डू फूट रहे थे, बिटिया यू.पी.एस.सी. में पास हो गई है, यह सुनते ही उनकी छाती चौड़ी हो गई थी। बाबूजी को महसूस हो रहा था कि उनके ज्वालामुखी के फूल खिल उठे हैं। घर में बहार आ गई थी, अम्मा के पैर जमीन पर नहीं पड़ रहे थे, आखिर उनकी बिटिया कलेक्टर जो बन गई थी।

□

13

आरुषि का सपना

आरुषि लैपटॉप पर अपना रिसर्च वर्क से संबंधित कोई काम कर रही थी, तभी उसके फोन की बेल बज उठी। उसने फोन की तरफ देखते हुए सोचा कि इस वक्त मम्मी का फोन, ये सोचते हुए उसने फोन रिसीव किया। उधर से मम्मी बोल रही हैं, "कैसी हो आरुषि बेटा? क्या हो रहा है? खाना खाया कि नहीं?" मम्मी एकसाथ सवालों की झड़ी लगा देतीं, फिर मुझे एक-एक कर सवालों के जवाब देने पड़ते, "हाँ मम्मी, अपना रिसर्च वर्क कर रही हूँ, मैं बिल्कुल ठीक हूँ और खाना भी…"

तभी उधर से उनकी आवाज आने लगी, "आरुषि बेटा, तुमसे एक बात कहूँ, ध्यान से सुनना मेरी बात, बीच में मत काटना।"

मैं सब समझ रही थी, मैंने कहा, "बोलो।"

मम्मी शुरू हो गईं, "बेटा, तुम्हारे ताऊजी ने बहुत अच्छा लड़का देखा है, सिविल इंजीनियर है पी.डब्ल्यू.डी. में, आगरा में पोस्टेड है, बस दो भाई, एक बहन हैं, छोटा परिवार है, प्रयागराज के रहनेवाले हैं। लड़के ने तुम्हें पसंद भी कर लिया है। ताऊजी ने तुम्हारा बायोडाटा भेजा था। अब तुम जैसा कहो। अगले हफ्ते आने को कह रहे हैं। तुम्हें आना पड़ेगा। अच्छी तरह सोच लो, उसका भी बायोडाटा मैं तुम्हें भेज रही

हूँ। मुझे तो भैया बहुत पसंद हैं वो लोग, अब तुम्हें तय करना है।" ये कहकर माँ ने अपनी बात खत्म की। अब वो मुझे सुनना चाहती थीं। मैंने कहा, "ठीक है माँ, सुबह बात करूँगी।"

मम्मी ने व्हाट्सएप पर बायोडाटा भेज दिया था। आरुषि उसे खोलकर देखती रही। बायोडाटा से तो सब ठीक ही लग रहा है, संदीप साहब (लड़के का नाम) भी ठीक-ठाक लग रहे हैं। रात काफी हो रही थी, अब सुबह ही मम्मी से बात करूँगी, ये सोचते-सोचते उसने लैपटॉप बंद कर चार्जिंग पर लगाया और लाइट ऑफ कर बिस्तर पर लेट गई। आरुषि समझ रही थी कि अब मम्मी-पापा से कोई बहाना नहीं चलनेवाला। लगभग एक साल से वो उन्हें टहला रही थी। अपनी भी उम्र का अहसास था कि 27 साल की हो रही हूँ, फिर मम्मी की बात कि बेटा, एक निश्चित समय तक ही अच्छे रिश्ते मिलते हैं, शायद अब वह स्वयं निर्णय ले चुकी है। कल मम्मी से कहूँगी, बुला लो उन्हें अगले हफ्ते, मैं भी आ जाऊँगी। आखिर करवट बदलते-बदलते उसे नींद आ ही गई।

सुबह उठकर फ्रेश होने के बाद आरुषि ने चाय मेस से मँगवाई, वो दिल्ली में कम्पटीशन की तैयारी के लिए एक पी.जी. में रह रही थी। चाय पीते-पीते उसने फोन उठाया और व्हाट्सएप पर एक बार फिर से संदीप का बायोडाटा ध्यान से देख रही थी। उसे कहीं कुछ भी उसमें ऐसा नजर नहीं आया कि कोई कमी निकाल सके, इस रिश्ते को टाल सके। अचानक से उसे कुछ मेल सैंड करने हैं। ध्यान आया तो वो उसमें व्यस्त हो गई। पर मम्मी को शायद रातभर नींद नहीं आई होगी, वो ये अच्छी तरह समझती है, मम्मी की कॉल आ रही थी। उसने फोन रिसीव किया, "हैलो," कहते ही मम्मी शुरू, "देखा तूने, कितना अच्छा प्रपोजल है। बेटा, अब की बार कोई नुक्स न निकालना।" इधर

से आरुषि बोली, "अरे नहीं मॉम डियर, मैं खुद तुम्हें फोन करने ही वाली थी और हाँ, एक बात बताऊँ (उसे कुछ मसखरी सूझी) मैंने आज सुबह-सुबह एक सपना देखा है (वैसे चूँकि देर रात तक मैं इस उधेड़बुन में रही थी, तो सपना तो मैंने जरूर देखा था कि मुझे देखनेवाले आए हैं) माँ, संदीप और उनका पूरा परिवार मुझे देखने आए हैं और तुम्हारी राजकुमारी, यानी मुझे देखकर बिल्कुल गद्गद हैं। वो लोग हमारे घर आकर फूले नहीं समा रहे। कह रहे हैं आपकी बेटी जो चाहेगी करेगी, हम उसका कॅरियर बनाने में पूरा सहयोग करेंगे। मम्मी, सच अब मुझे और क्या चाहिए, इससे अच्छा रिश्ता थोड़ी न मिलेगा। आप उनको बुला ही लो।" आरुषि का इतना कहना था कि मम्मी की खुशी फोन पर उनकी चहकती आवाज से समझ में आने लगी। "अरे आरु," जब मम्मी बहुत लाड़ में होतीं तो उसे 'आरु' ही कहतीं, "सच बताऊँ, सुबह दिखाई देनेवाले सपने बहुत सच होते हैं, फिर मैं कह रही थी न कि ताऊजी तेरे, उनकी बहुत तारीफ कर रहे थे। अरे उनकी तो दहेज की भी डिमांड नहीं है। ऐसे भले लोग कहाँ मिलते हैं।" मुझे उनकी बात सुनकर हँसी आ गई। झट बोलीं, "तुझे हर बात पर हँसी ही आती है।"

मैंने कहा, "मम्मी, तुम भी, वो जानते हैं कि मैं एक प्रशासनिक अधिकारी की इकलौती बेटी हूँ, वे अपनी बेटी की शादी में कोई कसर नहीं छोड़ेंगे।"

"आरु, तू भी न...अच्छा चल छोड़, मैं तेरे पापा को बताती हूँ।"

अगले हफ्ते वो लोग आए, खूब आवभगत की गई, रीमा भाभी (बड़े भैया की पत्नी) आ गई थीं। उन्होंने मुझे बड़े सलीके से तैयार किया, वरना मैं कहाँ! संदीप तो मुझे देख फूले नहीं समा रहे थे, हम दोनों ने अकेले भी देर तक एक-दूसरे से बात की, मैं अपने कॅरियर को लेकर चिंतित थी तो संदीप ने आश्वस्त किया। खैर, हमारा परिवार

उन्हें इतना पसंद आया कि बस वहीं पर सब तय भी हो गया, बस बात कुंडली पर अटकी रही कि किसी अच्छे पंडित से दोनों की कुंडली का मिलान करा लिया जाए। सो वो भी हो गया, दोनों के पूरे-के-पूरे गुण समान मिले। दोनों ओर से कुंडली मिलते ही शादी के जश्न की तैयारियाँ शुरू हो गईं। तैयारियों के साथ-साथ आखिरकार आरुषि और संदीप की शादी भी धूमधाम से हो गई। बड़े भैया-भाभी की ओर से स्विट्जरलैंड में हनीमून ट्रिप का गिफ्ट पैकेज मिला। दोनों पंद्रह दिन खूब घूम-घामकर वापस आ गए, पर संदीप का छोटी-छोटी बातों में लिटरेरी गुस्सा करना और चिड़चिड़ाना आरुषि को चिंता में डाले हुए था। पितरों के तर्पण का महीना होने की वजह से आरुषि मायके आई, मम्मी पूछतीं, "सब बढ़िया है न आरु···" वो मुसकरा पड़ती, "हाँ मम्मी, सब ठीक है। पंद्रह दिन कैसे बीते पता ही नहीं चला। नवरात्रि के दूसरे दिन ही उसको लेनेवाले आ गए। संदीप नहीं आए थे, मम्मी थोड़ा हैरान थीं। आरुषि ससुराल आ गई। संदीप आगरा जा रहे थे, उसने कहा, "मैं साथ चलूँ, हम लोग ताजमहल घूमेंगे।"

"अरे अभी तो इतना घूमकर आई हो, छकी नहीं घूमकर। मेरे पास क्या कोई कामधाम नहीं है। तुम्हें घुमाता ही रहूँगा क्या?" आरुषि हैरान देखती रही उसके रवैए को, वैसे उसके लिए कोई नई बात नहीं थी, हनीमून के समय वो ये सब झेल चुकी है। संदीप की मम्मी फौरन बोलीं, "चलो-चलो, पैकिंग कर दो उसकी, शाम की ट्रेन है।"

संदीप जाने के लिए तैयार हो रहे थे। आरुषि ने माहौल को सामान्य बनाते हुए कहा, कब आएँगे। जाने तो दो, आने की बात अभी कहाँ से आ गई। वो प्रश्नवाचक नजरों से बस संदीप को देखती रह गई। फिर संदीप बोले, "सुनो, मम्मी को शुगर है, सुबह उठकर उनका ठीक से हाथ बँटाया करो। पापा हार्ट पेशेंट हैं, उनका बहुत ध्यान रखना। मंजरी

(संदीप की छोटी बहन) के एक्जाम आ रहे हैं, उससे कोई काम–वाम मत करवाना, उसका भी खयाल रखना।" उसका मन हुआ पूछे—और मैं, पर संदीप के जाते समय वह कोई टेंशन नहीं करना चाहती थी, सो खामोश रही। पर उसे कुछ–कुछ समझ आ रहा था। "क्या सोच रही हो···" संदीप की आवाज आई, "मैं जा रहा हूँ। मम्मी, अपना ध्यान रखना।" संदीप ने सारे दिन में एक बार भी उसके लिए कुछ नहीं कहा। अब वो जा चुका था, उसके जाते ही उसने थोड़ी राहत की साँस ली। मम्मी का फोन बज उठा। पहले उसने सोचा, नहीं रिसीव करती, फिर 'हैलो' भर बोल पाई। मम्मी बोल पड़ीं, "कैसी है मेरी रानी," इतना सुनते ही वो फफक पड़ी, "अरे क्या हुआ ?" इधर वो रो रही थी, उधर मम्मी सवाल–पर–सवाल। बस इतना बोली आरुषि, "म···म्मा, सुबह का कोई सपना सच नहीं होता, सब झूठी बातें हैं। अब किसी को ये कहकर बहलाना मत कभी।"

आरुषि की मम्मी सोच रही थीं कि आज ही शोभाजी बता रही थीं कि संजना बहुत परेशान है, हमें अच्छे लोग नहीं मिले, हमारी बेटी का जीवन नरक हो गया है। बड़े बनावटी, बहरुपिए हैं आजकल लोग, हम तो बरबाद हो गए। ये सोचकर वो (आरुषि की मम्मी) घबरा गईं, कहीं आरुषि···वो सोच रही थी···यही समय बदला है···नहीं–नहीं, कुछ नहीं बदला।

दो लाइनें जिन्हें पढ़कर उसकी आँखें अकसर डबडबा जातीं, उसे याद आ रही थीं—

फूलों से कैसे लहू को टपकता हुआ देखूँ
हकीकत को बदल दूँ या फिर अपनी आँखों को मिटा दूँ।

यकीनन फूल जैसी बेटियों की आँख से बहते आँसू लहू से कम नहीं होते।

□

14

लोग क्या कहेंगे

अचानक रचना को घर अकेले आता देख अशोक बाबू हैरत में पड़ गए। उन्होंने घबराते हुए सवाल किया, "अरे बेटा कैसे? अकेले ही आई हो क्या? क्या हुआ?"

रचना ने बस इतना ही कहा, "पापा, इतना क्यों परेशान हो गए मुझे अकेला देखकर, क्या इससे पहले मैं हॉस्टल से अकेले आई-गई नहीं हूँ क्या?" ये कहते हुए वो अपने कमरे की ओर चली गई। रचना की मम्मी कुमकुम भी हैरान थीं कि ऐसा क्या हुआ, जो रचना बिन बताए इस तरह अचानक आई है। वो उसके पास गईं तो वो अपने दीवान पर सिर पकड़े बैठी थी। मम्मी की आहट से उसने हाथ चेहरे से जैसे ही हटाया, कुमकुम ने देखा तो हैरान रह गई, उसकी हँसमुख लाडो को इस हाल में देखकर। आँसुओं से रचना का पूरा चेहरा तर-ब-तर था। रोते-रोते आँखें बिल्कुल लाल हो गई थीं। मम्मी को देखते ही वो सिसकते हुए बोल पड़ी, "अब आप भी वही सवाल करेंगी, जो पापा ने मेरे आते ही किए हैं। न मेरे हालचाल पूछेंगी और न ही कुछ और बात, बस बेटी अगर ससुराल से आप सबको बिना बताए आई है तो आप लोगों को सामाजिक मान-मर्यादा की फिक्र ज्यादा हो जाती है।"

कुमकुम ने उससे कोई सवाल नहीं किया, बस उसे गले से लगाकर जी भर रोने दिया। रचना रोते-रोते बस इतना ही बोली, "मम्मी, मुझसे कोई सवाल मत करना, पर उस घर में अब मैं कभी वापस नहीं जाऊँगी, जहाँ मेरा और मेरे मम्मी-पापा का कोई मान-सम्मान नहीं हो सकता।" अशोक बाबू भी उसके कमरे के अंदर आ चुके थे और कुछ बोलने ही वाले थे, उनके मुख से बस इतना निकला कि "तुम इस तरह आई हो, लोग क्या कहेंगे।"

इतना सुनते ही कुमकुम उन्हें चुप कराते हुए चीख पड़ी, "आज कुछ नहीं बोलेंगे आप, ये मेरा मसला नहीं, मेरी बेटी के सम्मान की बात है, उसकी इच्छा है, ये उसकी जिंदगी का सवाल है, वो जो चाहे फैसला करे, हमें सब मंजूर है। हम उसे घुट-घुटकर जीने के लिए मजबूर नहीं कर सकते। हमें उसकी ताकत बनना है, कमजोरी नहीं।"

□

15

कहाँ खो गई हूँ मैं

वो तेजी से भागते हुए अंदर आ धम्म से लॉबी में रखे दीवान पर हाँफती हुई औंधी गिरती है। दादी, जो वहीं बैठी रामायण का पाठ कर रही थीं, उनके मुँह से एकदम निकला, "हे राम, ये लड़की भी पूरी आफत है।"

"मम्मा…मम्मा…मम्मा…जल्दी खाना दो, मुझे कोचिंग जाना है।" सौम्या चिल्लाती है।

किचन से बाहर आते हुए सुमन कहती है, "क्यों इतना चीख रही हो, क्या आफत टूट पड़ी है? अरे इतना हाँफ क्यों रही हो सौम्या?"

"कुछ नहीं मम्मा, डॉन्ट वरी, अरे हमसब क्रिकेट खेल रहे थे कि बंटी के लॉन में बॉल चली गई, उसकी मम्मी ने वो सुनाई और गुस्से में फ्लैश (पालतू कुत्ता) को खोल हमारे पीछे लगा दिया, वो दौड़ लगाई है मैंने।" ये कहते हुए सौम्या ने जोरदार ठहाका लगाया।

दादी बोल पड़ीं, "रावण भी तेरे जैसा नहीं हँसता होगा।"

"ओ हो, सॉरी मेरी क्यूट दादू!" ये कहते हुए सौम्या उनसे लिपट गई।

दादी रोज की तरह उसे भाषण देने लगीं, "सौम्या, अब तू बड़ी हो गई है, बेटा, लड़कियों को ये भेड़चाल रास नहीं आती, देख अपनी मम्मा को कितनी शांत, सौम्य और विनम्र हैं।"

"ओके, ओके, ठीक है दादू डियर, आप जैसा कहेंगी वैसा ही करूँगी, अभी मुझे कोचिंग जाना है।" सौम्या जल्दी-जल्दी खाना खा-पीकर बैग उठा कोचिंग के लिए निकल पड़ती है।

सौम्या सुमन और विनय की इकलौती बेटी है और वही उनका कुलदीपक और उनके लिए सबकुछ है। विनय उसे जो पसंद है, वही करने देते हैं, कोई रोक-टोक नहीं। कभी-कभी सुमन जरूर कहती कि आपने इसे सिर पर बैठा रखा है, पर मजाल जो उनके सामने उसे कोई कुछ कहकर निकल जाए। पूरी कॉलोनी की नेता है सौम्या। उसकी इच्छा डॉक्टर बनने की है, ताकि मुफ्त में सभी गरीबों का इलाज कर सके। खेल, शैतानी, दादागीरी, हुल्लड़ और अक्खड़, जिद्दी यही उसके गुण या अवगुण हैं, जैसा जो समझे। पर पढ़ाई और दूसरों से हमदर्दी और उनकी मदद करने में उसके जैसा कोई नहीं। विनय को अपनी बहादुर बिटिया रानी पर बहुत नाज है। वो अकसर कहते कि एक दिन हमारी सौम्या हम सब का नाम रोशन करेगी। सुमन भी अपनी राजदुलारी को दुनिया में सबसे अलग बनाना चाहती थी।

कोचिंग के बाद सौम्या के आने का वक्त निकल गया, अभी तक नहीं आई थी, रात के आठ बज चुके थे। विनय भी ऑफिस से आ गए। इधर सौम्या का फोन भी नहीं लग रहा था। डर के मारे सुमन का कलेजा बाहर निकला आ रहा था। "कहाँ जा सकती है, इतनी रात को, न कोई फोन···न···।" यह कहते हुए सुमन रोने लगी। उधर दादी अपना राग अलाप रही थीं, "बहुत शौक चर्राया है तुम लोगों को आजकल लड़कियों को लड़का बनाने का, जमाना देख रही हो, लोग वहशी हो गए हैं, खुद ही बताती हो दुनिया भर की खबरें, पर हमारी तो अब सुनना ही नहीं है किसी को।" दादी बड़बड़ा रही थीं और सुमन व विनय दोनों खामोश सुन रहे थे। तभी विनय के मोबाइल की घंटी बज उठी। थाना

जॉनसन गंज से फोन था, "आपकी बेटी पर एसिड अटैक हुआ है, आप फौरन सिविल अस्पताल पहुँचें।"

विनय चीख पड़ा, "वो घबराहट के मारे थरथर काँप रहा था। सौम्या, मेरी जान!" सुमन को कुछ समझ नहीं आ रहा था कि आखिर हुआ क्या है ? बस वो विनय को रोता देख रोती जा रही थी।

"चलो, जल्दी करो, हमें फौरन सिविल अस्पताल चलना होगा, मैं गाड़ी निकाल रहा हूँ, तुम कुछ ज्यादा पैसे पर्स में लेकर बाहर आओ।" यह कहते हुए वो बाहर निकल गया। सुमन अलमारी से हैंडबैग ले विनय के पीछे चल तुरंत बाहर आ गई।

अस्पताल में सौम्या बेसुध, बेहोश पड़ी थी, जरा से होश आने पर दर्द और जलन से कराह उठती, उसको बेहोशी का इंजेक्शन दिया गया था। जब ये लोग वहाँ पहुँचे, थानाध्यक्ष श्री राकेश सिंह, कुछ पुलिसवाले और जहाँ घटना घटी थी, वहाँ मौका-ए-वारदात के कुछ चश्मदीद खड़े थे। कोई सज्जन बोला, "सौम्या के मम्मी-पापा हैं," ये सुन चिल्लाकर रोने लगे...उनके साथ एक पंद्रह-सोलह साल की लड़की भी वहीं हाथ जोड़े खड़ी सुबक रही थी। उस लड़की के पिता थे वो। विनय से बता रहे थे, "मेरी लड़की को छेड़छाड़ से बचाने में आपकी बहादुर बेटी पर एसिड अटैक किया गया है।"

सुमन सौम्या का हाल देख बेहोश हो चुकी थी और विनय बिल्कुल बदहवास था। डॉक्टर बता रहे थे कि "एसिड आँखों में जाने के कारण अगर ये बच भी गई तो कभी देख नहीं सकेगी।"

विनय ने अच्छे-से-अच्छा ट्रीटमेंट कराकर किसी तरह सौम्या को बचा लिया, पर उसका चेहरा और आँखों की रोशनी वापस नहीं ला सका। कोशिश में जरूर है कि किसी तरह अपनी बेटी की अच्छी सर्जरी कराकर उसकी आँख की रोशनी भी वापस लौटा सके। सौम्या को

हॉस्पिटल से घर आए काफी दिन हो गए थे। न वो अपने कमरे से बाहर आती और न ही किसी से बात करती। एक दिन उसने सुन लिया था कि बबली (बड़े पापा की बेटी) कह रही है, "सौम्या दीदी का चेहरा कितना डरावना हो गया है।" ये सुन उसने किसी से कुछ नहीं कहा, पर खुद को कमरे में कैद कर लिया।

इधर विनय ने बंगलौर के एक हॉस्पिटल में उसके चेहरे की सर्जरी और आँखों के ऑपरेशन की पूरी तैयारी कर ली थी। सुमन अपनी बेटी के साथ साए की तरह लगी रहती, सारा दिन प्रेरक कहानियाँ सुना-सुनाकर सौम्या का हौसला बढ़ाती, किंतु उसकी मायूसी का ये आलम था कि वो अपनी अँधेरी दुनिया से बाहर निकल ही नहीं पा रही थी। मानव संसाधन मंत्रालय से विनय के पास सूचना आई कि इस वर्ष 'अर्जुन पुरस्कार' के लिए उसकी बहादुर बेटी सौम्या को चुना गया है। पूरे परिवार की खुशी का ठिकाना न रहा। देश-दुनिया भर में आज उनकी बेटी का नाम हो रहा था। सौम्या ऑपरेशन के लिए बंगलौर पहुँच गई थी, आज उसका ऑपरेशन हुआ, दो दिन बाद डॉक्टर ने उसके चेहरे और आँख की पट्टी खोलने को कहा। उसके चेहरे और आँख से पट्टी हटाई जा रही थी। सौम्या ने डॉक्टर से शर्त रख दी थी कि वो अपना चेहरा अपनी आँखों से सबसे पहले स्वयं देखेगी। उसके सामने बहुत बड़ा आईना लगाया गया। धीरे-धीरे पट्टी सरक रही थी, अब उसकी आँखों की पट्टी भी हटा दी गई, वो अपना बदला हुआ चेहरा देख स्वयं को पहचान नहीं सकी। चीख पड़ी, "मम्मा-मम्मा, आपकी बेटी कहाँ है? कहीं खो गई है मम्मा, मेरी आईडेंटिटी? मेरी पहचान खत्म हो गई, कौन पहचानेगा मुझे, सब कहेंगे वो बहादुर, बिंदास लड़की कहाँ गई?" वो बिलख-बिलखकर रोते हुए कह रही थी। मेरा क्या कुसूर था मम्मा?"

सुमन अपनी टूटी बिखरी बेटी को ढाढ़स बँधा रही थी, "माई डियर, तू वही मेरी बहादुर सौम्या है, वही आइडेंटिटी है तेरी, उससे भी कहीं ज्यादा, आज पूरे देश की नजरें तुझ पर हैं, मेरी ब्रेव लवली डॉटर, तुझे 'अर्जुन पुरस्कार' से सम्मानित किया गया है। हमें तुझ पर गर्व है।"

"हाँ मम्मा, मैं इन एसिड अटैकर के विरुद्ध अवश्य लड़ाई लड़ूँगी, छोड़ूँगी नहीं इन कुख्यात अपराधियों को। मैं आपकी और पप्पा की वही बहादुर बेटी हूँ।"

□

16

नन्ही परी

दो-तीन दिन से मौसम बहुत खराब था। बारिश-पानी रुकने का नाम नहीं ले रहा था। सावन का महीना बादल, बारिश, बिजली कड़कने से ही शुरू हुआ। आज तो तड़के सुबह से धुआँधार बारिश हो रही थी। कायरा सोकर उठ चुकी थी और फ्रेश होकर उसने चाय बनाई। चाय की चुस्कियों के साथ वो अपना सेलफोन लेकर शायद व्हाट्सएप पर लोकल एरिए के किसी न्यूज ग्रुप में आज की खबरें पढ़ रही थी कि यकायक चौंक पड़ी। उसके बाद सीधे बाथरूम में जाकर नहा-धोकर वो जल्दी से तैयार होने लगी। बारिश इस वक्त हलकी बौछार के साथ हो रही थी। हवा चलना बंद होने की वजह से उमस हो रही थी। थोड़ी देर के लिए बारिश थम गई थी। कायरा रूम लॉक कर तेज कदमों से चलती हुई थाने की ओर जा रही थी, क्योंकि अभी-अभी सोशल मीडिया के जरिए उसे खबर मिली थी कि उसी के इलाके में कचरे के ढेर में रद्दी अखबारों से लिपटी कार्टून (दफ्ती का डिब्बा) में एक मासूम नवजात बच्ची सही-सलामत मिली है, जिसे पुलिसकर्मियों के द्वारा पास के थाने में ले जाया गया है। इसी कारण कायरा ये सुनिश्चित कर थाने जा रही थी कि वो उस थानेदार से अनुरोध करेगी कि इस बच्ची को गोद लेना चाहती है।

अपनी चाल को तेज कर लगभग दौड़ती हुई वो थाने पहुँच गई थी। पसीने से तर-ब-तर कायरा दौड़ने की वजह से बहुत हाँफ रही थी, हाँफने के कारण ठीक से बोल भी नहीं पा रही थी, थानेदार की तरफ रुख कर वो कहती है, "साब-साब, ये बच्ची मुझे गोद दे दीजिए।" सामने बेंच में अभी तक अखबार में लिपटी, चुसनी मुँह में चूसती हुई और अपने हाथ-पैर चलाती वो मासूम बच्ची, अपनी आँखों को इधर-उधर घुमाती, अपनी जिंदगी एवं भविष्य से बेखबर लेटी हुई थी। यकायक कायरा की आवाज से आकर्षित होकर उस नवजात बच्ची की नजरें कायरा की ओर ठहर गईं, वो बच्ची कातर नजरों से उसकी ओर देख रही थी। कायरा ने बिना सोचे-समझे उस मासूम सी बच्ची की तरफ बढ़कर उसे लपककर ये कहते हुए, "मेरी नन्ही परी।" गोद में उठाकर अपनी बाँहों में भर लिया और उसे बेतहाशा चूमने लगी। मासूम बच्ची उसके सीने से ऐसी चिपकी मानो उसे अपनी जन्मदात्री माँ मिल गई हो। थानाध्यक्ष रविश सिंह ये सब देखकर हतप्रभ थे, पर इस मंजर को देखकर उनकी आँखें जरूर भर आई थीं। कायरा की आँखें भी छलछला रही थीं, "साब-साब, मना मत करिएगा, मैं इसकी परवरिश बहुत अच्छे से करूँगी, प्लीज साब, मैं ही इसको पालूँगी, बहुत अच्छे से पालन-पोषण करूँगी इसका।" ये कहते-कहते कायरा फूट-फूटकर रो पड़ी। थानाध्यक्ष रविश, जो कायरा का रवैया देखकर अब तक काफी हैरत में थे और स्वयं भी भावुक हो चुके थे। बोल पड़े, "ठीक है मैडम, आप ही इस बच्ची को गोद ले लें, लेकिन आखिर आप इतनी हैरान-परेशान क्यों हैं? क्या आप इस बच्ची और इसकी माँ को जानती हैं? आपको कैसे मालूम पड़ा इसके बारे में? आप अपना नाम, पता-ठिकाना कुछ तो बताएँ पहले, क्या करती हैं आप? कैसे इसकी परवरिश करेंगी, हम भी तो जानें,

इसे देखकर आप भावुक तो ऐसे हो रही हैं, जैसे आपने ही इसे जन्म दिया है।" थानाध्यक्ष ने एकदम से जबरदस्त सवालों की झड़ी लगा दी थी। थानाध्यक्ष के प्रश्नों को सुन कायरा को ये नहीं समझ आ रहा था कि वो उनके कौन-कौन से सवालों का उत्तर दे।

वो सिर्फ यही बोली, "साब, मेरा इस बच्ची से कोई रिश्ता नहीं है और न ही मैं इसे जानती हूँ, आज सुबह जैसे ही चाय पी रही थी तो सर्किल न्यूज चैनल पर इस बच्ची की फोटो देखी और पढ़ा तो बरबस मेरा दिल पसीज उठा कि मैं इसको गोद ले लूँ, बस मेरी आत्मा कह रही है कि किसी बुरी नीयतवाले बदजन इनसान की इस पर निगाह न पड़ जाए। साब, मेरी तरह, नहीं-नहीं, हम जैसी न जाने कितनी अनाथ बच्चियों की तरह इसका जीवन दुश्वार न हो जाए। मैं यहीं कालका स्टेशन के पास ऐरा कॉलोनी में अकेली रहती हूँ और इस समय एक कॉल सेंटर में काम करती हूँ, मेरा नाम सिर्फ-और-सिर्फ कायरा है, इसके अलावा मैं स्वयं अपने बारे में कुछ नहीं जानती।" कायरा एक-एक कर शायद थानेदार महोदय के सभी प्रश्नों के संक्षिप्त उत्तर दे चुकी थी। थानाध्यक्ष और उनका स्टाफ सभी कायरा के जवाब सुनकर उसे टकटकी लगाए देख रहे थे।

थानाध्यक्ष रविश सिंह कुछ सोच में पड़े थे कि फिर कायरा बोल पड़ी, "साब, इस मासूम बच्ची के वास्ते, इसे मुझे दे दें, मैं इसकी बहुत अच्छी परवरिश करूँगी, इसे अपना नाम-पहचान सब दूँगी।"

तभी एक पुलिसवाला बोला, "मैडमजी, जब आपका नाम-पहचान नहीं है तो इस बच्ची को क्या नाम-पहचान देंगी।"

कायरा को उसकी बात पर गुस्सा आ गया, वो उसकी बात का उत्तर देते हुए बोली, "मेरी अपनी कोई पहचान न सही, इससे मुझे कोई गरज भी नहीं है अब। मैं इसी दंश को झेलकर बड़ी हुई हूँ आजतक।

आप जैसे दंभी, कोरे पुरुषत्व के अहं में चूर लोगों ने बहुत तोड़ा है मुझे, बहुत तबाह की गई हूँ मैं, पर हर तरह के हालातों से लड़ते-लड़ते अपना वजूद, अपनी पहचान आज खुद बनाई है मैंने, मैं नहीं चाहती कि इसके साथ भी कुछ ऐसा ही हो कि जीने के लिए उसे रोज-रोज मरना पड़े।" फिर वो बच्ची को गोद में लिये अपने सीने से सटाए थानेदार से मुखातिब होकर बोली, "साब, रहम करें, इस पर तरस खाएँ, मेरे अकेलेपन पर मैं इसे बहुत प्यार से पालूँगी। साब, इसका नाम परी रखूँगी 'परी', मेरी प्यारी परी।"

फिर एक दूसरे पुलिसवाले ने अपनी कमान से दूसरा तरकश छोड़ा, "सर, ऐसा न हो कि ये लड़की इस बच्ची को बेटी बनाने के नाम पर अपने बुढ़ापे का सहारा बनाने के लिए ले जा रही हो, बहुत ड्रामा करना जानती हैं ऐसी औरतें और लड़कियाँ! सरजी, मेरी बात पर गौर करें, इस बच्ची को किसी संस्था में ही डाल दें, हमें क्या मतलब किसी से, हमारी बला टले।"

अबकी बार कायरा आपे से बाहर हो गई, वह गुस्से से आगबबूला होकर थाने में चीख रही थी, "तुम जैसे मर्दों ने ही हम जैसी अनाथ लड़कियों की जिंदगी बरबाद की है," हुंकार भरती हुई कायरा ऐसे चीख रही थी कि थाने की दीवारें भी मानो थर्रा रही थीं, ऐसी ही किसी संस्था में मुझे एक दिन छोड़ा गया था, जहाँ तेरह साल की उम्र से मेरा शरीर नोचा-खसोटा गया है, बड़े-बड़े साब लोगों और नेताओं के द्वारा। जब तक संस्था में रही, दो जून की रोटी खाने के लिए हर रात किसी की हवस का शिकार बनती थी साब, बड़ी मुश्किल से भाग पाई हूँ। हर बार इनके जैसे पुलिसवाले पकड़कर पहले अपनी भूख मिटाते, फिर डाल आते थे हमें इन समाजसेवी संस्था के नाम पर चल रहे चकला घरों में। बड़ी मुश्किल से भाग सकी हूँ, आप ही जैसे एक शरीफ पुलिस

इंसपेक्टर की बदौलत, रहम करें इस पर, दे दें मुझे इसे, वरना बहुत बुरा हाल होगा इस मासूम का।" ये कहते हुए वो अब उस बच्ची को छाती से लगाए बिलख-बिलखकर रो रही थी।

थानाध्यक्ष रविश गुस्से से पागल होकर अपने पुलिस सहकर्मी को एक झापड़ रसीद कर चुके थे, फिर उन्होंने अपने स्टाफ कर्मचारी को बुलाकर सब फॉरमेलिटी पूरी कराने का आदेश दिया और कायरा से मुखातिब होकर कहते हैं, "आप ले जा सकती हैं अपनी नन्ही परी को, पर प्लीज बहुत-बहुत एहतियात से इसकी परवरिश करिएगा।"

यह सुनकर रोती-बिलखती कायरा खुशी से झूम उठती है। सारी कागजी कारखाई पूरी होने के बाद कायरा अपनी परी को सीने से लगाए ईश वंदना करती थाने से चल पड़ती है। जाते वक्त थानाध्यक्ष रविश के पैरों में झुक जाती है।

थाने से बाहर निकलते ही आसमान की ओर ताकते हुए भगवान् को थैंक्स कहती है कायरा और चल पड़ती है एक नए सफर, नई जिंदगी की ओर, नई दुनिया की ओर। कायरा को देखकर ऐसा महसूस हो रहा था कि शायद वो खुद को बहुत हलका महसूस कर रही है, इस वक्त उस मासूम बच्ची को बचाकर मानो वो यह अहसास कर रही थी कि उसने खुद के बिखरे हुए वजूद को बचा लिया है। ईश्वर से प्रार्थना करती है कायरा, "भगवान्, मुझे शक्ति देना, मैं अपनी परी को एक बहुत सशक्त बेटी बना सकूँ, अगर आसमान तक मेरे हाथ जाएँगे तो दूर गगन तक उसको उड़ने का अवसर जरूर दूँगी भगवान्!"

□

17

ढलान

आज विनय सुबह से हंगामा कर रहा था और भूमि बेहद परेशान। विभू के कारण वो अधिकतर शांत ही रहती, पर शायद विनय ने आज सुबह से ही दो-चार पैग चढ़ा लिये थे। इस वक्त वो अपने होश-हवास में नहीं था। जब से उसे पता चला था कि वो बाप नहीं बन सकता, तभी से उसने खुद को नशे में डुबो लिया था। भूमि के प्यार से की गई जिद की खातिर और उसके समझाने पर वो आई.बी.एफ. के लिए तैयार तो हुआ पर···। विभू के जन्म के कुछ दिन बाद से ही उसका रवैया भूमि और विभू के प्रति बदल गया। विभू अब पाँच साल का हो गया है, उसे अपने पापा का प्यार नहीं बस उपेक्षा ही मिली, मासूम विभू को हमेशा अपने पापा के तिरस्कार और नफरत का सामना करना पड़ा। ये सब वो मासूम क्या समझता। इतना जरूर था कि रोज जरा-जरा सी बात पर विनय के गुस्से से वो डरा-सहमा सा रहता। बस भूमि से ही वाबस्ता था विभू। अकसर विभू के खोते हुए बचपन को देखकर भूमि रो पड़ती, बड़ी मासूमियत से विभू उसके आँसू पोंछता और कहता, "मत लो मम्मा, मत लो।"

विनय के चीखने और गुस्से से परेशान भूमि भी चिल्ला पड़ी, "क्या चाहते हो तुम, तुम्हारी रोज की कलह से विभू का बचपना खो-सा गया

है, तुम सब जानते थे और तुम्हारी इच्छा से वो इस संसार में आया है, पर तुमने अब मेरा और उसका जीना मुहाल कर दिया है।"

विनय पागलों-सा चीख पड़ा, "दूर हो जाओ तुम इसे लेकर मेरी नजरों के सामने से, मुझे इससे नफरत होती है, ये मुझे मेरी नपुंसकता की हर पल याद करवाता है, यह मेरा बेटा नहीं है।" उधर विनय का यह रूप देख विभू घबरा जाता है, वो डरा-सहमा विनय के पास जाता है, "प्लीज पप्पा, गुस्सा मत करो, मम्मा लो रही है।" विनय गुस्से से आगबबूला हो विभू को एक झापड़ मारता है, वो रोता-बिलखता हुआ भूमि की ओर दौड़कर उससे चिपक जाता है। भूमि भी आपे से बाहर हो जाती है और विभू को गोद में उठा तेजी से बाहर की ओर जाती है। अब भूमि तंग आकर निकल पड़ती है, अनजान राहों पर…।

ये मेरी लंबी कहानी 'ढलान', जो 'माटी' पत्रिका में प्रकाशित हुई, उसका एक अंश है।

□

18

मेरे गुनहगार

"अम्मा, मैं कोचिंग सेंटर जा रही हूँ, कल पॉलीटेक्निक की परीक्षा है, सर ने कहा है कि देर तक पढ़ाएँगे, इसलिए मुझे देर हो जाएगी, परेशान मत होना।" यह कहते हुए रुचि बाहर निकल गई। सूरज ढल चुका था, अब सब परेशान कि रुचि अभी तक नहीं आई। कोचिंग से फोन द्वारा पता चला कि वो तो यहाँ से शाम पाँच बजे ही निकल गई है। यकायक एक फोन कॉल आती है कि पास के संजीवनी मेडिकल कॉलेज में आ जाइए आपकी बेटी का एक्सीडेंट हुआ है। परिवारवाले तुरंत अस्पताल पहुँचते हैं, रुचि बेहोश, बदहवास-सी बेसुध एमरजेंसी वार्ड में पड़ी थी। डॉक्टर बता रहे थे कि उसकी गरदन और कमर की हड्डी टूट चुकी है, शरीर बहुत क्षत-विक्षत है, शायद जबान भी काटी गई है? तभी वहाँ मौजूद थानेदार डॉक्टर को डपटकर परे हटाता है और जो कहानी गढ़ी जानी थी, उसको बता परिजनों को शांत करते हुए कहता है, "उसके लिए प्रार्थना करो," और डॉक्टर से कहता है, "तुम्हारा काम है इलाज करना तो इलाज करो।" शायद पुलिस रुचि के बयान उस वक्त ले चुकी थी, जब वह हाईवे पर छटपटाती-तड़पती जान की गुहार लगा रही थी, कुछ लोग भी पुलिस के अलावा वहाँ जमा हो गए थे। भीड़ में किसी

ने वीडियो बना लिया था और वही वायरल हुआ कि इस लड़की का बलात्कार हुआ है। पुलिस इस केस को कुछ और ही रंग देने में लगी थी—एक्सीडेंट का। खैर, अब आज रुचि ने अस्पताल में आखिरी साँस ली थी, वो अब नहीं रही। उसके शहर क्या पूरे देश में एक शोर बरपा था। कहीं कैंडल मार्च, तो कहीं रास्ता रोककर बेटियों की सुरक्षा की गुहार लगाता भीड़तंत्र। हमारे देश में ये सब तमाशा एकतरफ चलता रहता है। दूसरी तरफ ऐसे ही बेटियों की आबरू और जिंदगी से खिलवाड़ जारी रहता है।

"साहब, नवरात्रि आ रही है, बेटियाँ पूजेंगे, अभी लोग देवी मानते हैं उन्हें और रात के अँधेरे में अगर अकेला पा जाएँ तो अपनी वहशत मिटाने के लिए उसके जिस्म के चिथड़े कर डालते हैं।"

उसकी चिता तैयार की जा रही थी। लाश का पता ही नहीं है। परिजन अपनी बेटी की लाश लेने के लिए इधर-उधर पागलों-से भटक रहे हैं। उनके घर के आसपास हाईवे तक भीड़ का सैलाब उमड़ पड़ा है। चीख-पुकार और नारेबाजी का बाजार गरम है। रुचि के बलात्कार और निर्मम हत्या के दोषियों को सजा दिलाने के लिए लोग नारे लगा रहे थे और बिलख-बिलखकर रो रहे थे। इस अनियंत्रित भीड़ में किसी का दिल यकीनन इस जघन्य कांड से थर्रा गया है। इसीलिए उनके कलेजे फटे जा रहे हैं। बेटी के दर्द और मौत से बिलखती माँ और उसके परिजनों को देखकर तो कुछ लोग सत्तालोलुप राजनीति की रोटियाँ सेंक रहे हैं। अचानक भीड़ को चीरती एक गाड़ी हजारों पुलिस बल के साथ रुचि के अंतिम संस्कार के लिए जबरन परिजनों को ले जाती है। उधर बिना परिजनों को दिखाए उसकी चिता को आग लगा दी जाती है। माँ जमीन पर बिलख-बिलखकर हाथों को फेरती टटोलती, "अभी आती हूँ," आखिरी बार कही गई अपनी बेटी की

बात को बार-बार दोहराते हुए रो रही है, "अरी मोरी सोन चिरैया, कहाँ गई।"

उधर जलती हुई चिता से रुचि की सदा आती है—

फिर जख्म उभर आए
फिर दर्द ने दी हैं सदाएँ
मेरे गुनहगारों को
अब! अब तो सजा दे दो।

□

माँ पर आधारित
सच्ची कहानियाँ

1

सुपर मॉम–श्रीमती सुशीला डोडानी

आप सबके लिए जिनको प्रेरकस्वरूप समर्पित करने जा रही हूँ, वह हैं सुपर मॉम और प्रेरक शख्सियत की धनी स्व. श्रीमती सुशीला डोडानी। वह इस संसार में अब नहीं हैं, किंतु उनके पुत्र जवाहर सुशीला भगवानदास डोडानी के द्वारा अपनी अजीम माँ के बारे में बताए गए तथ्यों के अनुरूप श्रीमती डोडानी एक अत्यंत कर्मठ, ईमानदार और कर्तव्यनिष्ठ महिला थीं। यकीनन आध्यात्मिक और धार्मिक गुणों से परिपूर्ण मिसेज डोडानी किसी देवी से कम नहीं थीं। उनके संघर्ष और जीवन की तथ्यपरक जानकारी से प्रेरित होकर मैं अपने चंद लफ्जों में मिसेज डोडानी के बारे में भावनात्मक कविता प्रस्तुत कर रही हूँ—

माँ हैं जो डोडानी की उनका चेहरा नूरानी,
बातें उनकी प्यारी-प्यारी और बहुत लासानी,
नहीं किया किसी से कभी बैर उन्होंने,
न ही छल-कपट करती थीं वह जीवन में,
वो तो बस प्रेम, स्नेह, वात्सल्य लुटाकर
करती थीं हर एक के हृदय में वास,
परोपकारी, दानी और सदाचारी

रहीं वह सदा अपने परिवार की महारानी,
बड़ी पुजारिन ईश दीवानी पवित्र आत्मा
देती थीं सबको फूलने-फलने का आशीर्वाद,
ऐसी श्रद्धामयी माँ को शत-शत नमन और
हजार''हजार''सलाम''सलाम''सलाम'' ।

गुजरात के अहमदाबाद जनपद निवासी श्रीमती सुशीला डोडानी पत्नी श्री भगवानदास डोडानी सुपर मॉम का अमूल्य उदाहरण हैं। श्रीमती सुशीला डोडानी के छह संतान हुईं—दो बेटे और चार बेटियाँ। बच्चों को शिक्षा प्रदान कर उन्होंने अपने बच्चों को आला दर्जे के भारतीय संस्कार भी प्रदान किए। आज भारत में ही नहीं, रियल एस्टेट के व्यवसाय में सर्वश्रेष्ठ इएक्सपी ग्लोबल का नाम कौन नहीं जानता, साथ ही यू.एस.ए. में छाए हुए डोडानी वर्ल्ड की अपनी पहचान है। इस सुपर मॉम की इस धरा पर सबसे बड़ी उपलब्धि यही है कि उन्होंने इस सृष्टि को बेहद संस्कारी डोडानी संतानें प्रदान कीं, जिसके कारण आज हजारों घरों की रोजी-रोटी चलती है। यह हम सब का दुर्भाग्य है कि वह अब इस संसार में नहीं हैं।

उनके बेटे के द्वारा बताई गई तथ्यपरक जानकारी के अनुसार श्रीमती डोडानी स्वभाव से अत्यंत सरल, सौम्य और शांतचित्त महिला थीं। प्रारंभ में एक साधारण व्यवसायी के रूप में माँ ने अपनी सभी संतानों की परवरिश बहुत सामान्य रूप से की। घर में किसी चीज की तंगी है या परेशानी, उन्होंने कभी जाहिर नहीं होने दिया। पिता एक सफल व्यवसायी थे, बाकी बच्चों का पालन-पोषण और पढ़ाई-लिखाई माँ की निगरानी में ही हुई। पिता अत्याधुनिक और माँ एक शांत-सुशील, एक संस्कारी भारतीय महिला का प्रतिबिंब थीं। इसीलिए यह

गुण उन्होंने अपनी संतानों में भी कूट-कूटकर भरे। आदरणीय जवाहर सुशीला भगवानदास डोडानी के शब्दों में—

मैं आज जो कुछ हूँ, जैसा भी हूँ, केवल और केवल अपनी माँ श्रीमती सुशीला डोडानी के कारण ही हूँ। माँ की आध्यात्मिक इबादत और प्रेम, स्नेह व वात्सल्य की बयार ने पूरे परिवार को सदैव एक माला के रूप में पिरोए रखा। हम सबको उच्च प्रौद्योगिक शिक्षा प्रदान करने और हमेशा हमारी प्रेरक के रूप में एक मजबूत पिलर के रूप में हम सब भाई-बहनों के साथ डटकर खड़ी रहीं। मुझे आज भी याद है, हर बाधा को धैर्य और संयम के साथ हौले-हौले मुसकराते हुए वह कैसे हरती थीं। मेरी मॉम सुपर मॉम ही नहीं, दिव्य माँ थीं। हम सब उन्हें बारंबार शत-शत नमन करते हैं, हम कृतघ्न उनके…

वास्तव में जवाहर सुशीला भगवानदास डोडानी ने समाज के समक्ष एक अमूल्य उदाहरण प्रस्तुत किया कि उन्होंने अपने नाम के साथ अपनी माँ सुशीला डोडानी का नाम भी संयुक्त किया—श्री जवाहर सुशीला भगवानदास डोडानी। उनके जैसे नायाब पुत्र की सुपर मॉम श्रीमती सुशीला डोडानी को हमारे हजारों-लाखों, अनगिनत सलाम और सैल्यूट।

श्रीमती सुशीलाजी की बेटियों द्वारा उनके लिए पत्र

मेरी प्यारी माँ!

आपके बारे में क्या लिखूँ? हमारे पास आपके बारे में लिखने के लिए शब्द नहीं हैं, क्योंकि आप इस धरा की सबसे शुद्ध और पवित्र आत्मा थीं।

हम जानते हैं कि हर कोई कहता है कि मेरी माँ सबसे अच्छी है, लेकिन हमारी माँ ने अपने जीवन में स्वयं की सुख-सुविधाओं को त्यागकर जीने और अपने सभी बच्चों की परवरिश बेहद शांत भाव से की, हमारी देखभाल करते हुए, किसी के साथ दुराभाव न करने, बल्कि सभी का सम्मान करने की शिक्षा देकर साबित किया कि वे खुद एक संस्कारी महिला और महान् माँ थीं।

उनके जीवन में हमने उतार-चढ़ाव देखे थे, लेकिन उन्हें कभी किसी से अप्रिय शब्द कहते या उनके बारे में बुरी बात करते नहीं सुना। इसके बजाय वह उनके लिए प्रार्थना करतीं और उन्हें आशीर्वाद भी देती थीं।

हमारी माँ अत्यंत धैर्यवान, अच्छी श्रोता, सकारात्मक विचारक, बहुत अच्छी बेटी, एक खूबसूरत दिलवाली बहन, बेहद देखभाल करनेवाली पत्नी, एक भाऊ और बेशक सशक्त माँ, दादी व सबकुछ थीं।

हमने अपनी माँ को यह कहते हुए कभी नहीं सुना था कि "मैं दिन में कभी भी व्यस्त या थकी हुई हूँ। वह हमेशा हमें उपलब्ध रहती थीं, वह बहुत मजबूत महिलाओं में से एक थीं, जिनकी 13 साल की उम्र में शादी हो गई थी। वह हमारे परिवार में सबसे बड़ी थीं और उन्होंने शादी के बाद अपने बच्चों और ससुरालवालों की देखभाल बेहद स्नेह और प्यार से की। हमारी माँ ने हम सभी का पालन-पोषण अपनी

वात्सल्य की छाँव में बड़े आराम से किया और अपने इतने बड़े परिवार की देखभाल भी उतने ही प्यार से की, जैसे वह अपने बच्चों के लिए करती थीं।"

माँ मेरी सबसे अच्छी दोस्त थीं और हमारी सबसे अच्छी सलाहकार भी, मेरी समर्थक और मुझे सकारात्मक विचार प्रदान करनेवाली थीं।

यद्यपि हमने उन्हें भौतिक और शारीरिक रूप से खो दिया है, लेकिन मुझे पता है कि वह ऊपर से देख रही हैं और हम सभी की देखभाल कर रही हैं और हमें सुंदर, शांतिपूर्ण, प्रेमपूर्ण जीवन जीने की शक्ति दे रही हैं। वे सदा से थीं हमारे पास, सदा-सदा के लिए हैं और हमेशा रहेंगी। हम हमेशा उनका आशीर्वाद महसूस करते हैं।

वह अपने पोते-पोतियों से बहुत प्यार करती थीं और मुझे बहुत खुशी है कि दवे, समीर और तुलसी को उनके जाने से पहले उनके साथ पर्याप्त समय बिताने को मिला, उनका आशीर्वाद मिला, जो हमारे पोते और खूबसूरत पोती में उनके परपोते को दरशाता है। साथ ही उन्होंने मुझे बताया कि पिछली रात जब मैंने उससे बात की तो उसने कहा, "दवे की चिंता नहीं करो, क्योंकि उसे एक अद्‌भुत व्यक्ति मिलेगा," उनके इसी आशीर्वाद के साथ दवे ने मौसमी को पाया। मैं कहूँगा कि मैं भाग्यशाली और धन्य हूँ कि मुझे उनके जैसी माँ मिली, जिन्होंने केवल खुश रहो कहा था कि तुम जहाँ भी रहो सुख और शांति बनाए रखो।

आई लव यू मम्मा और काश मैं और बच्चे और पोते-पोतियाँ आपके साथ अधिक समय बिता पाते।

लव यू मम्मा!

□

2

सुपर मॉम–श्रीमती शमशादी खानम

मैं आप सबके लिए जिनको प्रेरकस्वरूप समर्पित कर रही हूँ, वह हैं अजीम और गाजी माँ, सुपर मॉम 'शमशादी खानम उर्फ शमशाद बाबू', आइए उनकी दास्तान की ओर चलते हैं, एक कविता के माध्यम से शुरुआत कर रही हूँ—

वो पढ़ी-लिखी नहीं थीं,
पर बहुत अच्छे ढंग से
कढ़ी और गढ़ी गई थीं
जन्मी थीं आजादी से पहले,
लेकिन गुलामी के भाव से परे थीं
उन्हें किसी के आगे हाथ फैलाना
बिल्कुल नहीं सुहाता था,
खुद्दारी से उनका गहरा नाता था,
ईमानदारी और कर्मठता उनमें
कूट-कूटकर भरी थी इसीलिए
वह दुनियाभर के सामने बड़ी
निडर और खरी-खरी थीं
अस्मिता और अस्तित्व के लिए,

वह सदैव जमकर लड़ी थीं
लोग क्या कहेंगे का रोग
उन्हें कभी लगा ही नहीं था,
इसीलिए उस बहादुर माँ ने
अपनी संतानों को बहुत
मेहनत और लगन से गढ़ा था,
लड़ी थीं वो सारे जमाने से
उनका वजूद बनाने की खातिर
हाँ, वो सिर्फ माँ नहीं गाजी थीं
हमारे सपनों और मंजिल की थाती थीं
उनसे ही हमसब थे, हमसे ही जमाना है।

म' पर फिट बैठता है। तकरीबन 1928 के आसपास जन्मी होंगी जनाब शमशादी खानम और उनका विवाह 1942 या 1943 के आसपास मात्र चौदह वर्ष की उम्र में श्री (स्व.) फयाजुद्दीन के साथ हुआ था। मूलतः श्री फयाजुद्दीन रहमानी ग्राम भुसासी थाना बदौसा तहसील अतर्रा जनपद बाँदा (उत्तर प्रदेश) के रहनेवाले थे। शमशादी खानम, जिनकी परवरिश शहर की थी, उनका विवाह गाँव में हुआ, लेकिन उस विवाह को ता-जिंदगी निबाहने का गुण उन्हें खूब आता था। गाँव में जब तक रहीं, सबसे बेहद प्यार और स्नेह लुटाकर रहीं। सन् 1946 के आसपास श्री फयाजुद्दीन साहब शहर के नामी-गिरामी वकील और प्रगतिशील धारा के विश्व विख्यात कवि बाबू केदारनाथ अग्रवालजी के मुहर्रिर होकर आए तो शमशादी खानम भी बाँदा आ गईं।

1946 से उनकी जिंदगी के नए सफर की शुरुआत हुई। यहीं से शुरुआत हुई उनके ख्वाबों के कारवाँ की या यूँ कहिए कि उनके संघर्ष की। 1950 तक आते-आते उनके तीन बेटियाँ और एक बेटा हो गया

था। सोच से विकासशील शमशादी खानम ने शहर आकर सबसे पहले अपने बच्चों की शिक्षा के बारे में सोच-समझकर यह निर्णय लिया कि मैं अपनी सभी संतानों को शिक्षित करूँगी, चाहे बेटी हो या बेटा। उनके लिए बच्चों की पढ़ाई का निर्णय लेना आसान नहीं था। शहर में आकर एक मुहर्रिर का किराए के मकान में रहना, बच्चों की परवरिश करना, उस पर अब स्कूल भेजना इतना सबकुछ मैनेज करना बहुत मुश्किल था, पर शमशादी खानम ठहरीं लौह महिला, उन्होंने जो ठान लिया सो ठान लिया। अपने बच्चों की पढ़ाई के सपने की ताबीर उन्होंने अपने सिलाई के हुनर के माध्यम से शुरुआत की। वो अब तक दिन भर घर के कामकाज में खटकने के साथ-साथ सिलाई भी करने लगी थीं और इस तरह शमशादी खानम ने अपने ख्वाबों में आँच नहीं आने दी। बड़ी बेटी की अवश्य अच्छा घरबार मिलने के कारण सबके दबाव में जल्दी शादी कर दी, किंतु फिर उसके बाद पहले पढ़ाई-लिखाई, सारे हुनर में प्रशिक्षित करने और अपने पैरों के बल अपने बच्चों को खड़ा करने का उन्होंने जो बीड़ा उठाया तो फिर कितने आँधी-तूफान और पतझड़ आए, शमशादी खानम अपने इरादों से डिगी नहीं। 1970 तक आते-आते उनके आठ बेटियाँ और दो बेटे हो गए थे। दूसरे नंबर की बेटी रशीदा खातून शहर के प्रतिष्ठित स्कूल बाल निकेतन में शिक्षिका हो गई थीं और 1977 में उनका होनहार और काबिल बेटा फजलुद्दीन रहमानी इलाहाबाद विश्वविद्यालय से फर्स्ट डिवीजन में एल.एल.बी. की डिग्री प्राप्त कर आ गया था। उनके बेटे श्री फजलुद्दीन रहमानी शहर के नामी-गिरामी वकीलों के साथ रहकर बहुत जल्दी अपनी योग्यता के बल पर शहर के चिर-प्रतिष्ठित वकील बन गए। यहीं से शमशादी खानम के आर्थिक तंगी और जिंदगी के बेहद मुश्किल पड़ाव को थोड़ा ठहराव मिला। अब उनका होनहार और आज्ञाकारी बेटा उनके ख्वाबों की कमान सँभालने

लायक हो गया था। अंजुम रहबर का ये शे'र उनकी जिंदगी के अब तक के सफर में बिल्कुल खरा उतरता है—

ताबीर बनकर आने ही वाली है अब सहर
सूरज बना रही हूँ दीये जोड़-जोड़कर।

वाकई शमशादी खानम के अडिग प्रयासों, कर्मठता और ईमानदारी का सिला उन्हें मिल गया था, उनकी सभी संतानें फजलुद्दीन के बाद जन्मी लईका खातून उनके जैसी दबंग बेटी सरकारी स्कूल में शिक्षिका हो गई थीं, साथ में बेहद मेहनतकश लईका खातून सिलाई भी करती थीं। इसी कारण उनके बाद के बच्चों को पढ़ाई के लिए सुनहरे अवसर पर्याप्त रूप से मिले। इस बीच लोगों के सवाल उठने लगे थे, गाँव-बिरादरी से बेटियों के लिए उलटे-सीधे रिश्तों की आवाजाही शुरू हो गई थी, जो शमशादी खानम को मंजूर नहीं थी, उनके पति फयाजुद्दीन थोड़ा लचकते तो वह डट जातीं, इसी कारण उनके परिवार ने उन्हें एक नया नाम दिया—'शमशाद बाबू'।

सन् 1990 तक आते-आते उनके सभी बच्चे अपने पैरों पर खड़े हो गए थे, तैय्यबा खातून इंटर कॉलेज में अर्थशास्त्र की प्रवक्ता, शाहिदा खातून जी.डी.एस. स्कूल में प्रिंसिपल, जीनत खातून को जूनियर हाई स्कूल में शिक्षिका का पद मिला, छोटा बेटा मुईनुद्दीन रहमानी अलीगढ़ विश्वविद्यालय से एम.एस.सी. जूलॉजी कर पी.सी.एस. रैंक की सर्विस खनिज अधिकारी की पोस्ट पर नियुक्त हुआ। सातवें नंबर की बेटी डॉ. सबीहा रहमानी राजकीय महिला स्नातकोत्तर महाविद्यालय बाँदा में असिस्टेंट प्रोफेसर के पद पर नियुक्त हुईं। 1998 में उनकी सबसे छोटी बेटी इलाहाबाद विश्वविद्यालय की टॉपर बनकर इलाहाबाद विश्वविद्यालय में ही केमेस्ट्री विषय के असिस्टेंट प्रोफेसर पद पर नियुक्त हुई।

शमशादी खानम का सपना साकार हो चुका था, उनके सब बच्चे यहाँ तक कि उन्होंने अपने छोटे से कच्चे घर में अपने स्वर्गीय देवर के

दो बेटे को रखकर उनको भी पढ़ाया-लिखाया और वो दोनों भी सरकारी सेवा में नियुक्त हुए।

उनके जीवन का सबसे दुःखद पल 6 फरवरी, 2001 को आया, जब मृत्यु ने उनके पति को उनसे छीन लिया। भरे-पूरे परिवार में पिता का जाना एक भारी क्षति थी, लेकिन बहादुर माँ शमशादी खानम ने अपने आँसू पोंछकर अपने बच्चों को पिता का संबल प्रदान किया और वास्तव में अब वो पूरी शमशाद बाबू बन चुकी थीं। शमशादी खानम का बचपन से धर्म और अध्यात्म में दिल लगा हुआ था, अब माया-मोह से उन्होंने खुद को विरक्त कर स्वयं को अध्यात्म मार्ग पर लगा दिया था, लेकिन समय के आगे कौन टिका है। सन् 2017 में वो इस संसार से विदा होकर अपना घर-संसार सूना कर गईं।

यकीनन शमशादी खानम, जो इस संसार में स्वतंत्रता से पूर्व जन्मी और विवाह भी एक परंपरागत ग्रामीण परिवार में ही हुआ था, वो भी ऐसा मुसलिम समुदाय, जहाँ आज से पचास साल पहले महिलाओं का परदे के कारण बाहर निकलकर पढ़ना-लिखना एक दुर्लभ कार्य था, वहाँ पर अपनी हिम्मत से खड़े होकर शमशादी खानम ने अपनी विचारधारात्मक रूप से प्रगतिशील सोच के कारण शिक्षा की अलख सिर्फ अपने बच्चों में ही नहीं पूरे गाँव में जलाई और इस तरह वह एक सशक्त महिला के हस्ताक्षर के रूप में उभरकर सामने आईं। हर तरह की जंग उन्होंने लड़ी, आर्थिक तंगी, सामाजिक उपेक्षा और उलाहना, पति का लोग क्या कहेंगे के डर से हथियार डालना आदि, पर वह एक बहादुर योद्धा की तरह डटी रहीं और जीतीं भी···इसीलिए उन्हें गाजी (चारों दिशाओं को जीतनेवाला) माँ का खिताब मिला, अतः ऐसी जगत् सुपर मॉम को एक बिग सैल्यूट तो बनता है—माँ तुझे सलाम!

□

3

सुपर मॉम–प्रो. दीपाली गुप्ता

आज मैं आप सबके लिए जिनको प्रेरकस्वरूप समर्पित करने जा रही हूँ, वह सुपर मॉम और सशक्त महिला हैं प्रो. दीपाली गुप्ता, प्राचार्य, राजकीय महिला स्नातकोत्तर महाविद्यालय, बाँदा। प्रो. दीपाली सुपर मॉम होने के साथ-साथ एक सशक्त और सबल महिला भी हैं। शीघ्र ही उनकी शैक्षिक योग्यता और कर्मठता के कारण उनका प्रमोशन प्राचार्य पद के लिए होनेवाला है, वर्तमान में प्रभारी प्राचार्य एवं नोडल अधिकारी (उच्च शिक्षा) जनपद बाँदा हैं। सुयोग्य और बहिर्मुखी प्रतिभा की धनी दीपाली गुप्ता के बारे में एक अंग्रेजी वाक्य चरितार्थ होता है। Iron and adorable Lady और मैं उनके व्यक्तित्व को उजागर करने हेतु उनको अपनी स्वरचित चंद पंक्तियाँ अर्पित करती हूँ—

चेहरा उनका नूरानी,
बातें हैं लासानी,
दिल सच्चा सोने जैसा,
फर्ज है उनके लिए
कर्ज चुकाने जैसा,
हैं बेहद दानी-दाता,
लेकिन नजर किसी को

कभी नहीं आता,
रहती हैं सबके दिल में
आम नहीं बहुत खास हैं वह'' !

प्रो. दीपाली का जन्म 9 नवंबर, 1978 को उत्तर प्रदेश के जनपद कानपुर में हुआ। कर्मठता और ईमानदारी तथा अटूट प्रेम और विश्वास के प्रतीक उनके पिता श्री सुरेशचंद गुप्ता साहब इनकम टैक्स विभाग के अधिकारी थे, जो वर्तमान में सेवानिवृत्त होकर जनपद कानपुर में अपनी पहचान और छवि बनाए आज तक अनमोल शख्सियत के रूप में जाने जाते हैं। उनकी माँ श्रीमती शशि गुप्ता एक अजीम शख्सियत की मालिक और बहुत आध्यात्मिक महिला हैं। वे स्वयं मैथ्स में बी.एससी. स्नातक हैं और उन्होंने हमेशा अपनी होनहार बेटी की परवरिश में अपना अमूल्य योगदान दिया है। माता-पिता ने अपनी लाड़ली बेटी दीपाली गुप्ता को पुत्र की तरह बिना भेदभाव किए पाला। प्रो. दीपाली की शख्सियत में माँ और पिता दोनों के गुणों का सम्मिश्रण दृष्टिगोचर होता है। इसीलिए प्रो. दीपाली हाई स्कूल, इंटरमीडिएट, स्नातक कक्षा में प्रथम आईं एवं उन्होंने स्नातकोत्तर में स्वर्ण पदक प्राप्त किया। अपनी योग्यतम शिक्षा और प्रतिभा के दम पर सन् 2005 में उच्च शिक्षा आयोग में प्रवक्ता पद पर चयनित हुईं।

प्रो. दीपाली गुप्ता का विवाह सन् 2007 में जनपद बाँदा निवासी एडवोकेट कमलेश साहू के साथ हुआ। ईश्वर की अनुकंपा से उनके दो पुत्र मास्टर दर्श और अर्श हैं। सुपर मॉम की कैटेगरी में उनको सम्मिलित करने का मेरा औचित्य यह है कि अत्यंत व्यस्ततम होने पर भी प्रो. दीपाली अपने दोनों पुत्रों के साथ अपनी भतीजी मान्या, जोकि कोरोना की प्रथम लहर में अपनी माँ को खो चुकी है, उसकी परवरिश भी बखूबी कर मानवीय रिश्तों को निभाने का कार्य कर रही

हैं। दया और ममता की अनूठी मिसाल प्रो. दीपाली गुप्ता लेखिका डॉ. सबीहा रहमानी विभागाध्यक्ष–समाजशास्त्र और संस्थापक/प्रबंधक चिराग फाउंडेशन बाँदा के साथ मिलकर अनाथ और निर्धन छात्राओं की पढ़ाई–लिखाई का खर्चा भी वहन करती हैं। डॉ. सबीहा रहमानी और प्रो. दीपाली गुप्ता जनपद में ही नहीं, बुंदेलखंड अंचल में छात्राओं के द्वारा माँ के रूप में ही प्रख्यात हैं। दोनों ही 2022 में सुपर मॉम का अवार्ड भी प्राप्त कर चुकी हैं।

उनकी शख्सियत के बारे में जाते–जाते बस इतना कहूँगी—

जब भी मिलती हैं मुसकराती हैं
इतनी खुशियाँ कहाँ से लाती हैं।

□

4

सुपर मॉम–श्रीमती सरोज शर्मा

उसे परवाज की चाहत थी, लेकिन पंख नहीं थे,
पाँव थे, मगर चलने के लिए पैरों तले जमीन न थी,
ख्वाब जागती आँखों में उसने पाल रखे थे बहुत,
फिर कुछ यूँ हुआ कि उसका जमीर जाग उठा,
हौसला रखा और चल पड़ी ऊबड़-खाबड़,
पथरीले कंटकाकीर्ण रास्तों पर मंजिल की तलाश में,
आज जमीन भी उसकी है, ये आसमाँ भी उसी का है।

संघर्षशील सुपर मॉम सरोज शर्मा की जिंदगानी के पूरे सफर को इन चंद खूबसूरत शब्दों में गढ़ी लाइनों में बखूबी अभिव्यक्त किया जा सकता है। सुपर मॉम सरोज शर्मा का वैवाहिक सफर तेरह वर्ष की आयु में 1962 में श्री प्रकाश चंद्र शर्मा, निवासी तिर्वा, जनपद कन्नौज से शुरू हुआ। विवाह के तीन वर्ष पश्चात् 1965 में उनके पति को एक प्राइवेट स्कूल में 100 रुपए मासिक वेतन के साथ शिक्षक की नौकरी प्राप्त हुई, सन् 1968 में उनका स्थायीकरण हुआ। इसी बीच उन्हें ईश्वर की कृपा से एक होनहार पुत्र की प्राप्ति हुई, जिसका नामकरण जितेंद्र कुमार शर्मा के नाम से हुआ। एक खूबसूरत हमसफर और क्यूट बेटे के साथ बहुत

ऐश्वर्यपूर्ण न सही, पर प्रेम-मान और सम्मान के साथ उनकी जिंदगी की गाड़ी हौले-हौले मस्त-मगन चल रही थी।

यकायक 27 जून, 1977 को समय का पहिया उलटा घूम गया, सरोज शर्मा के पति को मौत ने अपनी आगोश में सुला लिया। लोकमत के अनुसार ये उनके दुर्भाग्यपूर्ण जीवन की पहली दस्तक थी, परंतु यही उनके आत्मविश्वास और आत्मसम्मान के जागने का समय भी कहा जा सकता था। अब शुरू हुआ उनका कंटकाकीर्ण और संघर्षमय सफर। पति की मृत्यु होते ही ससुरालवालों ने नाता-रिश्ता तोड़ लिया, पैतृक संपत्ति से भी वंचित कर दिया गया, यहाँ तक कि ससुराल जनों ने आना-जाना, मिलना-जुलना भी छोड़ दिया। पति की प्राइवेट स्कूल में नौकरी होने के कारण मृतक आश्रित में सरोज शर्मा को नौकरी मिलना भी दूभर हो गया। बमुश्किल 60 प्रतिशत प्रतिमाह की दर से जूनियर हाईस्कूल में शिक्षिका के पद पर नियुक्ति मिली। वित्तीय संसाधनों का अभाव एवं आर्थिक तंगी के उपरांत भी उन्होंने अपने इकलौते पुत्र की शिक्षा-दीक्षा में कोई कमी नहीं आने दी। 1991 में जिस विद्यालय में पढ़ाती थीं, वह सरकार द्वारा वित्तीय सहायता प्राप्त हुआ। तब इनका वेतन भी बढ़ा, किंतु तब तक पुत्र जितेंद्र कुमार शर्मा इंटरमीडिएट पास कर चुके थे।

होनहार माँ के होनहार बेटे ने अनेक झंझावात झेलते हुए अपनी शिक्षा और प्रतिभा के बल पर कोषागार में अपनी पहली सरकारी नौकरी प्राप्त की। यह समय सरोज शर्मा के अंधकारमय जीवन में उदित हुई सूरज की एक किरन की तरह था। इसके पश्चात् संघर्षशील माँ के संघर्षरत बेटे को सन् 2002 में इंटर कॉलेज में भौतिक विज्ञान के प्रवक्ता पद पर दूसरी नौकरी प्राप्त हुई। जितेंद्र कुमार शर्मा अभी भी प्रयासरत रहे, क्योंकि उन्हें अपनी सुपर मॉम का नाम रोशन करने का लक्ष्य अभी तक प्राप्त नहीं हुआ था। इस दिशा में आगे बढ़ते हुए सन् 2006 में सरोज

शर्मा के पुत्र जितेंद्र कुमार शर्मा को आयोग द्वारा चयनित होकर उच्च शिक्षा के असिस्टेंट प्रोफेसर का पद प्राप्त हुआ। अब तक सुपर मॉम के संघर्षशील जीवन में सूर्योदय हो गया था। बेटे का विवाह कर वर्तमान में शिक्षाशास्त्र से पी-एच.डी. कर रही बहूरानी प्राची शर्मा, एक दस वर्षीय नवोदित चित्रकार मान्या जैसी पोती और भावी साइंटिस्ट पाँच साल के वाक् चतुर पोते प्रत्युश शर्मा के साथ में 71 वर्षीय सरोज शर्मा खुशहाल जीवन व्यतीत कर रही हैं, ईश्वर से प्रार्थना है कि यह सूर्योदय उनके जीवन में हमेशा ठहरा रहे। इंद्रियों पर विजय प्राप्त करनेवाले उनके पुत्र जितेंद्र कुमार शर्मा राष्ट्रीय और अंतरराष्ट्रीय स्तर पर भौतिक विज्ञान के प्रखर वैज्ञानिक के रूप में कई पुरस्कार प्राप्त कर चुके हैं।

स्वयं सरोज शर्मा के शब्दों मे उनकी सफर-ए-जिंदगी का आकलन—

> "पूरे कथानक में 1977 से 1991 तक 14 वर्ष का सफर बहुत ही कठिनाइयों भरा रहा। नौकरी के लिए अधिकारियों के चक्कर लगाना और उसी बीच द्वेष भाव से जूनियर हाईस्कूल से भी निकाल दिया जाना, पास की सभी जमापूँजी खर्च हो जाना, उस पर पुत्र की इंटरमीडिएट तक की पढ़ाई सभी मेरे कठोर संघर्ष की अनकही दास्ताँ बयाँ करते हैं।"

□

5

सुपर मॉम–श्रीमती श्रद्धा निगम

सुपर मॉम की इस शृंखला में आप सबके लिए जिनको प्रेरकस्वरूप समर्पित करने जा रही हूँ, वह सुपर मॉम और सबल महिला उद्यमी हैं श्रीमती श्रद्धा निगम, जो सफल व्यवसायी होने के साथ-साथ राष्ट्रीय स्तर की शास्त्रीय नृत्यांगना और हमारी प्रतिलिपि की सुप्रसिद्ध लेखिका भी हैं।

कभी फूलों-सी हैं वो कभी खुशबू-सी
वो हैं एक नगमा तो कभी नगमा-सरा हैं वो
शख्सियत कुछ ऐसी है उनकी गर तराश दें
पत्थर को तो बा-खुदा वो हीरा हो जाए।

आदरणीय श्रद्धा निगम पुत्री श्री वीरेश्वर सिंह, जिनका जन्म 15 अप्रैल, 1967 को मध्य प्रदेश के जनपद जबलपुर में हुआ और अपने नाम के मुताबिक आज खुद अपनी पहचान बना इस कथन को सत्य साबित कर रही हैं—

एक नहीं दो-दो घरों में करती हैं उजाला
बेटियाँ होती हैं पुरनूर चिरागों की तरह।

□

6

सुपर मॉम—श्रीमती अनवरी बेगम

इस सुपर मॉम की कड़ी में मैं आपके लिए जिनको प्रेरकस्वरूप समर्पित करने जा रही हूँ, वह सुपर मॉम और सशक्त महिला हैं—श्रीमती अनवरी बेगम, जो शायद नसीब, वक्त और हालात के सामने जमीन के इतने नीचे दबा दी गई थीं कि उस दलदल से ठोस जमीन में खड़े होकर जीना मुहाल था, आइए देखें सुपर मॉम श्रीमती अनवरी बेगम के जीवन का सफर कितना दुरूह रहा, फिर भी उनके जज्बे और हौसले ने उन्हें कैसे जिंदगी की रहगुजर पर चलना सिखाया।

अनवरी बेगम का जन्म उत्तर प्रदेश के जनपद बाँदा के श्री गफूर खान उर्फ कट्टे और सुगरा बेगम उर्फ सग्गा माईं के निर्धन परिवार में लगभग 1964 में हुआ था, उनके पिता रेहड़ी के माध्यम से अपनी आजीविका अर्जित करते थे। चार भाई और दो बहनों में अनवरी बेगम अपने माता-पिता की सबसे छोटी संतान थीं। आमदनी कम और बड़ा परिवार, ऐसे में अकेले पिता की कमाई से घर-संसार चलाना दूभर हो गया था, इस कारण उनकी माँ ने दूसरों के घर का काम पकड़ लिया। परिवार की गाड़ी किसी तरह घिसटने लगी और बच्चे बड़े होते गए, सबका शादी-ब्याह भी निपट गया। गरीब बाप-माँ ने अपनी सबसे छोटी और लाड़ली बेटी अनवरी की शादी कानपुर निवासी नसीम खान

से कर दी। अय्याश और शराबी पति ने कभी भी अपनी पत्नी अनवरी को चैन से जीने न दिया। अनवरी एक बच्चे की माँ बन चुकी थी और दूसरा गर्भ में पल रहा था। घर में अब उसके पति की अय्याशियों के कारण खाने-पीने के भी लाले पड़ रहे थे, ऐसे में एक दिन घर में राशन लाने के नाम पर हुई लड़ाई में अनवरी के पति ने उसे मार-पीटकर घर से निकाल दिया।

खुद्दार अनवरी फिर दुबारा वापस न गई और दूसरों के घर में महरी का काम करते हुए अपने दोनों बच्चों की परवरिश की। पढ़ाई-लिखाई के साथ अपने बच्चों को अन्य हुनर भी सिखाए। आज उसका बड़ा बेटा खुद की वेल्डिंग और शटर बनाने की बढ़िया दुकान चलाता है और उसका छोटा बेटा अशरफ मकानों में खिड़की, दरवाजे लगवाने का ठेकेदार है। दोनों बेटों को उसने बहुत अच्छे संस्कार देकर पाला-पोसा है और दोनों का विवाह भी हो गया है। अनवरी बेगम एक पौत्र की दादी भी बन चुकी है। उसके दोनों पुत्रों ने खुद का बढ़िया पक्का मकान बनवा लिया है। दोनों पुत्र और पुत्रवधुओं के साथ एक नटखट नाती के साथ जीवन के झंझावातों से निकलकर अब अनवरी बेगम अपनी खुशहाल जिंदगी बसर कर रही हैं। ईश्वर से यही प्रार्थना है कि उनका जीवन और उनकी रोपी हरियाती बगिया सदा ही लहलहाती, मुसकराती और इठलाती, बलखाती रहे। श्रीमती अनवरी बेगम पर निम्न लाइनें सटीक बैठती हैं—

वो थकें जिनके कदम
थके और हारे हैं··
हमको तो हमारी दुर्गम यात्रा से
जो बने ऐसे पथ ही प्यारे हैं··

□

7

सुपर मॉम–श्रीमती अभिलाषा सोनी

मैं आप सबके लिए जिनको प्रेरकस्वरूप समर्पित करने जा रही हूँ, वह सुपर मॉम और सशक्त महिला हैं—श्रीमती अभिलाषा सोनी, जिन्हें शायद नसीब, वक्त और हालात ने कुछ इस अंदाज से हराया कि वह जमीन के इतनी नीचे दब गईं कि उनका उस दलदल से जमीनी धरातल पर खड़े होकर जीना मुहाल हो गया था। आइए देखें सुपर मॉम श्रीमती अभिलाषा सोनी के जीवन का सफर कितना दुरूह रहा, फिर भी उनके जज्बे और हौसले ने उन्हें कैसे जिंदगी की रहगुजर पर चलना सिखाया।

अभिलाषा का जन्म उत्तर प्रदेश के जनपद झाँसी की एक तहसील गुरसराय गंज में हुआ, उनके पिता मेडिकल डॉक्टर थे और दो बड़े भाइयों में वह इकलौती बहन थी, बेहद लाड़-प्यार से उसकी परवरिश हो रही थी। अभी दस वर्ष की भी पूरी नहीं हो पाई थी कि उसकी माँ की अचानक मृत्यु हो गई। अभिलाषा के जीवन में दुर्भाग्य की यह पहली दस्तक थी, अब उसके जीवनपथ पर ऊबड़-खाबड़ रास्ते थे और उन पथों पर पत्थर-ही-पत्थर बिछते जा रहे थे। अभी पत्नी की मृत्यु को एक वर्ष भी नहीं हुआ था कि पिता ने दूसरी शादी कर ली। अब शुरू हुआ मासूम बच्चों के जीवन में सौतेली माँ का तांडव। सौतेली माँ के

बेटी के रूप में एक संतान भी हो गई थी, जिसके आगे अभिलाषा अब अपनी सौतेली माँ को जहर लगने लगी। एक दिन षड्यंत्रकारी सौतेली माँ ने अभिलाषा के ऊपर खौलती चाय उड़ेल दी और उसी पर शैतानी का आरोप लगाकर उलटा उसकी पिटाई भी करवाई। सौतेली माँ के इन्हीं जुल्मों के साथ समय अपनी गति से आगे बढ़ रहा था। अब सोलह साल की दाईं तरफ काफी जल चुकी अभिलाषा अपनी सौतेली माँ को अपनी छाती में गड़े काँटे की तरह महसूस हो रही थी, इसीलिए उन्होंने अभिलाषारूपी काँटे को अपने सीने से उखाड़ फेंकने के उद्देश्य से उसका विवाह उरई निवासी शराबी और अय्याश पवन सोनी से करवा दिया। पवन की अय्याशी के कारण उसके बहन-बहनोई उसे बाँदा ले आए।

लेकिन यहाँ भी वही कहावत चरितार्थ हुई कि एक तो कोढ़ उस पर खाज···। अय्याश पवन को सीधी-सादी अभिलाषा रास नहीं आ रही थी, उसने अपने दो मासूम बच्चे गौरी और ऋषभ की फिक्र किए बिना इनको बेसहारा छोड़कर दूसरी औरत से इश्क लड़ा उसे लेकर दूसरे शहर भाग गया। अब अभिलाषा के दुर्भाग्य का करारा वार शुरू हुआ···पिता ने सौतेली माँ के डर से उसे अपने साथ ले जाना उचित नहीं समझा, लेकिन एफ.आई.आर. और कोर्ट केस अवश्य कर दिया। दोनों पक्षों के परिवारवाले एक अकेली बेसहारा औरत और मासूम बच्चों को बीच मझधार में छोड़कर किनारा कर गए। वहीं अब वह न्याय की आस में कोर्ट-कचहरी और पुलिस थानेरूपी जंगलों में अकेली भटक रही थी। परिवार परामर्श केंद्र पुलिस लाइन बाँदा में अभिलाषा की भेंट वहाँ की काउंसलर, चिराग फाउंडेशन की प्रबंधक और राजकीय महिला स्नातकोत्तर महाविद्यालय बाँदा की प्राध्यापक डॉ. सबीहा रहमानी से हुई। सिलाई और ब्यूटी पार्लर की थोड़ी बहुत

जानकारी बेबस अभिलाषा के लिए अँधेरे में दीये की तरह काम आई, अभिलाषा के अनुसार, उसके ही शब्दों में—

"डॉ. सबीहा रहमानी फाउंडर और प्रबंधक चिराग फाउंडेशन बाँदा वास्तव में मेरी अँधेरी जिंदगी में रोशन चिराग की तरह बनकर आईं, उन्होंने ब्यूटी पार्लर और सिलाई का काम दिलाना शुरू किया, साथ ही ब्यूटी पार्लर किट उपलब्ध करवाई और समाज में उसके लिए एक मजबूत पिलर बनकर खड़ी हो गईं। आज उन्हीं की वजह से मैं निरंतर बारह वर्षों के संघर्ष के बाद अपने दुर्भाग्य को परास्त कर पूरे स्वाभिमान के साथ खड़ी हूँ। मेरी बेटी, जो गायन में महारत हासिल कर रही थी, आज अपना प्रभाकर का कोर्स पूरा कर चुकी है। बेटा ऋषभ बी.एससी. मैथ्स करके कोचिंग में पढ़ा रहा है, साथ ही सिविल सेवा की तैयारी भी कर रहा है। मैंने सबीहा मैम से सीखा है ऊबड़-खाबड़ रास्तों पर चलना और डटकर खड़े रहना। ईमानदारी, दृढ़ चरित्रता ही औरत को इस संसार में गिरने से बचाती है, यही सिखाती हैं महिलाओं/बालिकाओ को डॉ. रहमानी…। मेरी तरफ से उनको बिग सैल्यूट।"

वास्तव में यह मेरा परम सौभाग्य रहा कि अभिलाषा जैसी परम स्वाभिमानी महिला मेरी जिंदगी में आई। जब वह लड़खड़ा रही थी, तब हमने केवल उसे संबल दिया, डिगना और चलना उसने स्वयं सीखा और अपने दम पर बिना किसी सहारे के ईश्वर से आस और उम्मीद लगाकर पूरी ईमानदारी तथा निष्ठा के साथ डटी रही, चलती रही—

जुगनू थी बस वो मंजिल की ओर बढ़ती चली गई,
थी जितनी अँधेरी रहगुजर रोशन उसे वो कर गई।
न सूरज थी वो, न ही सूरज की एक किरण,
वह अँधेरों में जलता हुआ रोशन चिराग थी।

□

8

सुपर मॉम—प्रो. शीराज खान

मैं आप सबके लिए जिनको प्रेरकस्वरूप समर्पित करने जा रही हूँ, वह सुपर मॉम और सशक्त महिला हैं—प्रो. शीराज खान, एच.ओ.डी. अंग्रेजी वीरांगना रानी लक्ष्मीबाई राजकीय महिला स्नातकोत्तर महाविद्यालय, झाँसी। प्रो. शीराज सुपर मॉम होने के साथ-साथ एक सशक्त और सबल महिला भी हैं। शीघ्र ही उनकी शैक्षिक योग्ता और कर्मठता के कारण उनका प्रमोशन प्राचार्य पद के लिए होनेवाला है। सुंदरता और बहिर्मुखी प्रतिभा की धनी शीराज खान के बारे में एक अंग्रेजी कहावत चरितार्थ होती है—beauty with talent और मैं उनके व्यक्तित्व को उजागर करने हेतु उनको अपनी स्वरचित चंद पंक्तियाँ अर्पित करती हूँ—

फूल-सा चेहरा
नरम सा लहजा
बातों से बस खुशबू आए
सोचते हैं सब उनसे मिलकर
कैसे¨ ?? कैसे¨ !!!
उनसे बात करें¨ ।

प्रो. शीराज का जन्म उत्तर प्रदेश के जनपद झाँसी के एक बहुत बड़े

परिवार में हुआ। कर्मठता और ईमानदारी तथा अटूट प्रेम और विश्वास के प्रतीक उनके पिता श्री गफ्फार खान साहब की झाँसी जनपद में अपनी पहचान अनमोल थी, उनकी माँ श्रीमती आइलीन गफ्फार खान एक अजीम शख्सियत की मालिक और बहुत आध्यात्मिक महिला हैं। वे स्वयं इंग्लिश से परास्नातक हैं और उन्होंने हमेशा शीराज खान की परवरिश में अपना अमूल्य योगदान दिया। पिता ने अपनी इकलौती लाड़ली बेटी शीराज खान को पुत्र की तरह बिना भेदभाव किए पाला। वे स्वयं राइफल शूटिंग के नेशनल चैंपियन थे। उन्होंने अपनी पुत्री को भी कला सिखाई। शीराज खान लगातार चार वर्षों तक डिस्ट्रिक्ट चैंपियन इन राइफल शूटिंग और एक वर्ष स्टेट चैंपियन रही। नौकरी के बाद भी लगातार कई वर्षों तक राइफल शूटिंग प्रतियोगिता में प्रथम स्थान प्राप्त किया। प्रो. शीराज की शख्सियत में माँ और पिता दोनों के गुणों का सम्मिश्रण दृष्टिगोचर होता है। इसीलिए मिशन स्कूल से हाईस्कूल और इंटरमीडिएट की स्कूल टॉपर शीराज खान ने स्नातक कक्षा में प्रथम एवं स्नातकोत्तर में स्वर्ण पदक प्राप्त किया। उच्चतर शिक्षा आयोग की प्रथम टॉपर के रूप में आयोग के माध्यम से चयनित होकर 17 फरवरी, 2005 को राजकीय महाविद्यालय में अंग्रेजी के प्रवक्ता पद पर नियुक्त हुईं और उनकी प्रथम नियुक्ति तालबहेट जनपद ललितपुर में हुई।

आज लगातार अपने संघर्ष और मेहनत व लगन से प्रोफेसर ग्रेड प्राप्त कर प्राचार्य पद पर आसीन होनेवाली हैं। प्रो. शीराज का विवाह उत्तर प्रदेश की राजधानी लखनऊ के नजदीक बसे जनपद हरदोई निवासी सलीम खान चीफ मैनेजर पी.एन.बी. के साथ 2007 में हुआ। उनके एक अति सुंदर बेबी डॉलरूपी बेटी सहरिश का जन्म हुआ। नौकरी के कारण अलग-अलग रहने पर भी सिंगल पैरेंटिंग के अटूट जज्बे के साथ शीराज ने अपनी बेटी की परवरिश करने में कोई कसर नहीं छोड़ी। आज तेरह

वर्षीय सहरिश माँ के समान सुंदर और योग्यता के कारण अपनी सुपर मॉम की तरह ब्यूटी विद ब्रेन के फॉर्मूले पर चलकर पढ़ाई में टॉपर है और एक देदीप्यमान नक्षत्र के रूप में चमकने की ओर अग्रसर हो रही है।

प्रो. शीराज खान के जीवन का क्रूर संघर्ष विवाह और सरकारी सेवा में अत्यंत ईमानदार और कर्तव्यनिष्ठ होने के कारण शुरू हुआ। उन्हें ईमानदार होने और सच बोलने की कीमत अकसर अपने कार्यक्षेत्र से लेकर परिवार तक में चुकानी पड़ती है, किंतु अपनी बेटी की परवरिश एवं उसके कॅरियर के लिए शीराज खान हर बाधा को हरती आगे बढ़ रही हैं। सरकारी सेवा में एक बार लड़कियों से छेड़छाड़ की शिकायत करने पर निर्भीकता से उनकी अगुआई करने की उन्हें आज तक भारी कीमत चुकानी पड़ रही है, लेकिन महिला अस्मिता और अस्तित्व के लिए लड़ती शीराज खान बिना डरे और डगमगाए आगे बढ़ रही हैं, साथ ही सदैव छात्राओं का उचित मार्गदर्शन भी करती रहती हैं। खास बात तो यह है कि उनकी अटूट दृढ़ इच्छाशक्ति, वह कोविड-19 की दूसरी लहर में माता-पिता दोनों की सेवा करते-करते खुद भी कोविड पॉजिटिव हो गईं, अपने पिता को वह नहीं बचा पाईं। उन्होंने इस कठिन दौर में अपने शानदार पिता को खो दिया, लेकिन स्वयं, माताजी और बेटी को बचाने में सफल हुईं। वर्तमान में पोस्ट कोविड का दंश झेलती तमाम झंझावात को चीरती हँसती-मुसकराती जिंदगी की हर रहगुजर पर शीराज खान बा हौसला हर मुसीबत से एक कुशल योद्धा की तरह लड़ती हुई आगे बढ़ रही हैं। हम इस सशक्त व्यक्तित्व और सुपर मॉम को सैल्यूट करते हैं।

□

9

सुपर मॉम–श्रीमती चंदा देवी

मैं आप आप सबके लिए जिनको प्रेरकस्वरूप समर्पित करने जा रही हूँ, वह सुपर मॉम और सशक्त महिला हैं—श्रीमती चंदा देवी!

उत्तर प्रदेश के बुंदेलखंड अंचल के जनपद हमीरपुर की तहसील मौदहा के ग्राम गहरौली में श्रीमती चंदा देवी का जन्म हुआ। सत्तर वर्षीय श्रीमती चंदा देवी पूछने पर अपनी जन्मतिथि नहीं बता पातीं। बस केवल इतना जानती हैं कि आजादी के चार-पाँच साल बाद उनका जन्म एक ढीमर परिवार में हुआ था। मात्र तेरह वर्ष की उम्र में जनपद बाँदा के ढीमर मोहल्ला निवासी मुन्नीलाल रैक्वार से उनका विवाह कर दिया गया। जो तालाब से मछली पकड़ने का ठेका लेकर बाजार में थोक भाव में मछली बेचा करते थे। शादी के दो साल बाद उनके घर में एक कन्या का जन्म हुआ, जिसका नामकरण सावित्री नाम से हुआ, फिर एक बेटा सुमित हुआ, फिर तीन बेटियाँ सुमित के बाद लगातार हुईं—रीशू, सीता और नीलम, तत्पश्चात् सबसे छोटा बेटा शुभम पैदा हुआ। अभी शुभम एक वर्ष का ही था कि चंदा देवी के पति इस संसार से विदा हो गए। चंदा देवी के हँसते-खेलते परिवार में दुःखों का पहाड़ टूट पड़ा। यह वज्रपात झेलना चंदा देवी और उसके मासूम बच्चों के लिए दूभर हो गया।

अचानक पति के चले जाने के बाद छह छोटे-छोटे मासूम बच्चे

और पच्चीस बरस की चंदा देवी का जीना मुहाल हो गया। अब बच्चों की परवरिश और उनकी भूख अजगर के समान मुँह बाए उसके सामने खड़ी थी। वह चंदा देवी, जो कभी एक फीट का घूँघट काढ़े बिना बाहर नहीं निकलती थी, जिसे अपने घर का रास्ता भी पूरी तरह नहीं मालूम था, अब सड़कों में घूँघट काढ़े दुर्भाग्य के द्वारा प्रदान किया गया जीवन का घुप्प अँधेरा घूँघट के रूप में ओढ़े भटक रही थी, दर-दर काम की तलाश में। आखिर यह सत्य है कि कुआँ प्यासे के पास कभी नहीं जाता, प्यासे को ही कुएँ के पास जाना पड़ता है और चंदा देवी अपने बच्चों की भूख और प्यास की खातिर एक कुएँ की तलाश में चल पड़ी थी, अपनी दहलीज को लाँघकर और आखिरकार भगवान् ने उसकी सुन ली थी। नगर के दानवीर रवींद्र सोनी के घर उसे महरी का काम मिल गया।

चंदा देवी और उसके बच्चों की जिंदगी की गाड़ी मद्धम-मद्धम ही सही, लेकिन आखिर चल ही पड़ी। अपने अथक प्रयास और मेहनत से चंदा देवी ने सेठ रवींद्र के परिवार और खासकर सेठानी कमला का दिल जीत लिया। स्वभाव से सौम्य और शांतचित्त, सुंदर-सुशील चंदा देवी ने अब अपनी आमदनी से अपने बच्चों को पढ़ाने के साथ-साथ बेटियों के विवाह की तैयारी भी शुरू कर दी। एक अकेली जवान बेवा पितृसत्ता की हनक झेलती हुई जेठ और अन्य आसपास के भोगी पुरुषों की नियत को पैरों की ठोकर में रखकर सच्चरित्रता के साथ दृढ़तापूर्वक अपने सतीत्व और अस्मिता को सँभालती हुई अब तक चारों बेटियों का विवाह कर चुकी है। एक बड़ा बेटा अवश्य अपनी जिंदगी को मुश्किल में डाले है, वरना सबसे छोटा बेटा शुभम निहायत संस्कारी और कर्मठ भी है। अभी हाल में ही उसका विवाह चंदा देवी जैसी निर्धन, दलित महिला ने बिना दहेज ले-देकर किया है। यह कार्य आसान नहीं था, फिर भी चंदा देवी जैसी बड़े दिलवाली महिला ने यह कार्य भी कर

दिखाया। धीरे-धीरे ही सही, अपने बच्चों को पूर्ण संस्कार प्रदान करते हुए उसने उन्हें इस जगत् में खड़े होकर और सिर उठाकर जीने लायक बनाया। वर्तमान में वह अपने सभी बच्चों के साथ खुशी-खुशी जीवन बसर कर रही है। साथ-साथ पूरे मोहल्ले के बच्चे जो उसे चाची या ताई कहते हैं, सभी उसकी दी गई संस्कारित शिक्षा के बल पर कुछ-न-कुछ करते हुए आज अपने पैरों पर खड़े हैं, वह चंदा देवी को माँ के रूप में पूजते हैं। चंदा देवी के छोटे पुत्र शुभम का विवाह होने के साथ-साथ एक बेटा भी हो चुका है, अर्थात् वह अब दादी माँ भी बन गई है। कठिन दौर से गुजर चंदा देवी अब अपने भरे-पूरे परिवार के साथ बहुत खुशहाल एवं सम्मानपूर्वक जीवन व्यतीत कर रही है।

□

10

सुपर मॉम—श्रीमती कमला सोनकर

मैं आप सबके लिए जिनको प्रेरकस्वरूप समर्पित करने जा रही हूँ, वह सुपर मॉम और सशक्त महिला हैं—श्रीमती कमला सोनकर, सफाई कर्मचारी नगरपालिका परिषद, बाँदा।

कमला की शख्सियत को मैंने इन चंद लाइनों के जरिए समझाने की कोशिश की है—

मुश्किल-से-मुश्किल घड़ी उसको कभी डिगा नहीं सकती
चली जाती है हँसती-खेलती कठिन-से-कठिन रहगुजर पर वह,
न कभी घबराती है, न ही मंजिलों की कोई आस है उसे,
चल रही है, चली जाती है, जानती है कि चलना मुकद्दर है,
न कोई फूल, न खुशबू, न जुगनू और न ही चाँद-सितारे उसके,
ऊबड़-खाबड़ अँधेरी डगर मगर बा-हौसला चलती है यूँ ही वह···

हमारे क्षेत्र की सफाईकर्मी कमला पर यकीनन ऊपर अंकित लाइनें खरी उतरती हैं। मैं प्रथम दृष्टया उससे केवल इसलिए आकर्षित हुई कि मैंने जब भी उसको सड़क पर झाड़ू लगाते हुए देखा, एक अजब अंदाज और आत्मविश्वास के साथ हँसते, मुसकराते हुए, मजाक के मूड में देखा। मेरी नजर न जाने क्यों उस पर ठहर जाती। मुझे अपने गार्डन के लिए सफाईकर्मी की आवश्यकता थी, सो मैंने एक दिन

उससे अनुरोध किया। उसने मेरे अनुरोध को स्वीकार किया। इस तरह वो मेरे घर आने लगी। पहली बार जब मैंने उसे तनख्वाह दी तो उसने जो उत्तर दिया, मैं कोड कर रही हूँ—

"मैडम, मैं एक तनख्वाह नगरपालिका से लेती हूँ, घर-घर झाड़ू-बुहारू की हमें अनुमति नहीं है, लेकिन आपका स्वभाव इतना अच्छा है, इसीलिए मैं आपके गार्डन में झाड़ू लगा रही हूँ। पर अब दूसरी तनख्वाह के रूप में आपसे पैसा नहीं ले सकती।"

मैं उसका उत्तर सुनकर अवाक् रह गई, क्या जर्फ दिखाया था उस महिला ने, जिसे सब अछूत, अनपढ़ और जाहिल समझते थे। उसकी ईमानदारी और खुद्दारी पर मैं मर-मिटी। मैंने उसे बच्चों की पढ़ाई-लिखाई के नाम पर तनख्वाह देना शुरू किया, फिर रोज सुबह कमला के आने पर उसके साथ चाय पीते हुए उससे बतियाना मुझे भाने लगा। हम दोनों एक सच्चे दोस्त की तरह घुल-मिल से गए। बातों-बातों में मालूम हुआ कि वह कानपुर देहात से ब्याहकर बाँदा आई है। पंद्रह साल की उम्र में महेश सोनकर जैसे शराबी-कबाबी के साथ ब्याहकर यहाँ आ गई, दिन भर पीना और ऐश करना, यही उसका काम है, ऐसे ही इसके पिता थे, उसकी सास केसर ने उसे बताया था। महेश अपने माता-पिता की इकलौती बिगड़ैल संतान है। कमला ने बताया कि भगवान् भला करे हमारी सास का, जो अपने पति और पुत्र से तंग आकर मरने के बाद मुझे नौकरी मिले, यह वसीयत लिखा गई थी, सो आज उसकी बदौलत अपने बच्चे पाल-पोस रही हूँ, वरना मैडम, यह तो सब उड़ा देते शराब-मुर्गे में। कमला वास्तव में सती सावित्री-सा सतीत्ववाली है, उसने इतना अवश्य बताया कि जैसा भी हो, है तो मेरा पति और मैडम, मुझे प्यार, सम्मान बहुत देता है, मेरी हर बात मानता है, मैं उसे रोज के पचास रुपए दे देती हूँ,

बस उसी में काम चलाता है या खुद मजदूरी कर लेता है, फिर वह आगे कहती है—

"मैडम, समाज को दिखाने और डराने के लिए जैसा भी हो, है तो पति, यही हम औरतों की ताकत है, जब हम अँधेरी रातों में सड़कों की सफाई के लिए निकलते हैं तो अच्छे-अच्छे ससुरे ऊँची जातिवाले भी लुलहुआते हैं। मैडम, हम जैसी गरीब-गुरबा और अछूत महिलाओं को जबरईं रात में अपने शरीर की प्यास बुझाने में इन ऊँची जातिवालों की इज्जत थोड़ी जाती है। तभी मैं मैडम अपना भौकाल बनाए रहती हूँ, इतनी तेजी न दिखाऊँ तो ससुरे हमारे जिस्म को रौंदकर निकल जाएँ···लालच देते हैं मैडमजी, मैं तो सालों को अपनी जूती की नोक पर रखती हूँ। मैडम, हम गरीब और अछूत अवश्य हैं, गलीज थोड़ी हैं···!"

मैं उसकी बौद्धिकता तथा प्रखर अस्तित्व के प्रश्न पर गर्व करती और हँस पड़ती, लेकिन अकसर उसकी बातों पर दिन भर मंथन करती कि बातों-ही-बातों में अशिक्षित कमला कितनी बड़ी-बड़ी बातें कर जाती है।

उसने अपने बच्चों के बारे में भी बताया कि उसके तीन लड़के और एक बेटी है। चारों बच्चे स्कूल जाते हैं, वो नहीं चाहती कि उसके बच्चे उसकी तरह बनें, मैं उसे अकसर समझाती कि कोई काम बुरा या छोटा-बड़ा नहीं होता, वह बस यही उत्तर देती—

"मैडम, सब लोग आपकी तरह नहीं होते, आज भी लोग हम लोगों को बहुत हेय दृष्टि से देखते हैं···।" यह कहकर वह एक लंबी साँस खींचती और शांत हो जाती। मैं भी उसको ताकती हुई खामोश हो जाती। बारंबार उस बेचारी को क्या समझाती? समाज और समुदाय की मानसिकता से वाकिफ जो हूँ। अभी तक हम दोनों का साथ कायम है, अब मैं उसकी बी.ए. पास बेटी की शादी में चीकट कर बड़ी बहन

और वह मेरी छोटी बहन बन गई है। वह मुझे दीदी और उसके बच्चे आंटीजी कहते हैं। उसका एक बेटा बी–कॉम. कर बैंक में जॉब कर रहा है। बेटी का विवाह हो गया है, एक सरकारी कर्मचारी उसका दामाद है। छोटा बेटा इंटरमीडिएट कर रहा है। उसके देखे सपने कमला के खुद के प्रयासों के परिणामस्वरूप साकार हो रहे हैं।

एक दिन उसके साथ उसका मँझला बेटा झाड़ू लगा रहा था—

मैंने पूछा, "ये नहीं पढ़ रहा क्या?"

तो कमला झल्लाहट भरे स्वर में बोली, "इस कमीने, करमजले का मन पढ़ाई में नहीं लगता। दीदी, समझाओ इसे! इसने स्कूल जाना बंद कर दिया है। कहता है, मुझे नहीं पढ़ना, क्या करूँ, अगर नहीं सुनेगा मेरी बात तो लगाएगा मेरी तरह सड़क पर झाड़ू···!"

वो थोड़ा दूर था उस समय, इसलिए मैंने कमला से कहा, किसी दिन समझाऊँगी तेरे बेटे को···!

फिर मैंने एक दिन उसके मँझले बेटे से कहा कि "तुम भी पढ़ाई करो बेटा, अपनी माँ का कहा मानो," तब वह बोला, "आप आंटीजी, मम्मी की उम्र देख रही हैं, अकसर इतना काम करके बीमार हो जाती है, उससे काम–वाम नहीं होता अब। मेरी मम्मी का भी तो इस उम्र में खयाल करनेवाला कोई हो आंटीजी, इसीलिए मैंने बहाना बनाकर कहा है कि मुझे अब नहीं पढ़ना···!"

मैं उस बच्चे की बात तथा कमला के संस्कार, परवरिश पर गर्वित हो गई, वाकई कमला मेरी नजर में ही नहीं, दुनिया की नजर में भी सुपर मॉम होनी चाहिए, और है।

एक बार नहीं सौ बार कहूँगी, कमला जैसी माँ के लिए—माँ तुझे सलाम!

□

11

सुपर मॉम–कुद्‌दऊआ

इस बार आप सब दिल थामें, मैं आप सबके लिए जिनको प्रेरकस्वरूप समर्पित करने जा रही हूँ, वह सुपर मॉम, सशक्त व्यक्तित्व कमलदास उर्फ कुद्‌दऊआ ट्रांसजेंडर की। आप लोग अवश्य सोच रहे होंगे कि सुपर मॉम की इस श्रृंखला में थर्ड जेंडर/ट्रांसजेंडर कहाँ से आ गए! आप सबके अंदर इस समय उमड़-घुमड़ रहे सवालों का मेरे पास एक अहम जवाब यह है कि—

यह भी हमारी तरह ईश्वर के द्वारा रचित हैं, फिर इनके साथ सदियों से चला आ रहा यह दुराभाव क्यों? खैर, धन्य हों हमारी सरकार, जिन्होंने इन ट्रांसजेंडर्स को भी नागरिकता प्रदान कर इन्हें हमारी तरह मौलिक अधिकार देने की तैयारी कर ली है और कुछ विशेष सुविधाएँ भी इनके विकास के लिए सुनिश्चित करने की घोषणा कर दी है। इनके अंदर समाए दर्द को मैं बस निम्नवत् इस छोटी सी कविता के माध्यम से परिभाषित करूँगी—

समानता का हक मिलने पर भी
अवहेलना की नसें
मुझसे जुड़ी रह गईं
और अब भी मैं

समाज की बजाई हुई ताली में
एक चीख मात्र हूँ।

'अंतस की खुरचन' यतीश कुमार के काव्य-संग्रह की दिल को दहलानेवाली पहली कविता है यह और मुझे पढ़ते समय झकझोर गई, फिर मेरे मस्तिष्क में गुरु माँ शब्द गूँज गया और मैंने अपने जनपद बाँदा की वर्तमान में सबसे पुरानी गुरु माँ को सुपर मॉम की श्रेणी में लाने की कोशिश की, मैंने उन्हें जानने के बाद गुरु माँ के रूप में स्वीकारा है, अब आदरणीय पाठकगणों की बारी है कि वह पढ़ें और उन्हें आत्मसात् करने की कोशिश करें।

कुद्दऊआ और समस्त ट्रांसजेंडर की बिरादरी की शख्सियत को मैंने इन चंद लाइनों के जरिए समझाने की कोशिश की है—

कोई आओ¨ !
एक चिराग यहाँ भी जलाओ,
सदियाँ गुजर गई यहाँ,
अभी तक बहुत अँधेरा है,
क्या मेरा वजूद है ?
कहाँ है, कौन हूँ मैं¨ ?
क्या कहूँ कोई मानता है हमें¨ ?
ये सच है कि मैं हूँ¨ !
मगर कहीं नहीं हूँ मैं¨ !
कौन है हमारा¨ ?
साल-दर-साल गुजर गए,
यही सवाल मेरा है,
बस जरा-जरा सा
उन्हीं लोगों के बीच ठहरा हूँ¨

जो मेरी तरह यूँ ही
जमाने की ठोकरों में रहते हैं,
हाँ… ! ये सच है कि मैं तुम-सा नहीं हूँ
मगर ये भी कड़वा सच है कि
तुम्हारे बीच से निकालकर फेंका गया
कहीं तुम्हीं के वजूद का टुकड़ा हूँ
अब तुम्हारी मर्जी मुझे नकारो
या फिर कुबूल करो…

उम्र के आखिरी पड़ाव में अब बिस्तर पर ही अपने जीवन की साँसें गिनते हुए तकरीबन सौ वर्षीय कुद्दऊआ से बात करना बहुत मुश्किल लग रहा था, पर मेरे हर जरूरी सवालों के जवाब उन्होंने अपनी लड़खड़ाती जबान से दिए। कुछ उत्तर समझ में आए और कुछ नहीं…उम्र के इस आखिरी दौर में भी उनकी याददाश्त बिल्कुल परफेक्ट है। मैंने उनके साथ रह रहे उन सब ट्रांसजेंडर से कुद्दऊआ के बारे में थोड़ी बहुत जानकारी प्राप्त की, जो उन्हें अपनी गुरु माँ मानते हैं, जिनके माता-पिता, अर्थात् एक अभिभावक के रूप में कुद्दऊआ ने उन सबकी परवरिश की है।

उनके अनुसार बताई आयु लगभग सौ वर्ष के कुद्दऊआ को खुद याद नहीं कि वह कहाँ पैदा हुए थे और उनके असल माता-पिता कौन हैं… ? क्योंकि लगभग सात वर्ष की आयु में उन्हें उस समय बाँदा के किन्नरों के गुरु बख्शी की गोद में शेर खान नामक एक दलाल और उसके साथ आया एक अनजान आदमी डालकर, ढेरों पैसे बख्शी को बख्शीश के रूप में देकर रफूचक्कर हो गया था। जब कुद्दऊआ ने होश सँभाला तो खुद की परवरिश बख्शी किन्नर के द्वारा होती हुई देखी, बस वह यही जानता है। बख्शी ने कुद्दऊआ की परवरिश के लिए, चूँकि बहुत बख्शीश

प्राप्त की थी, इसीलिए उसका विशेष ध्यान भी रखा। ईमानदारी और निष्ठा इनके जीवन का अहम हिस्सा होती है, इसीलिए बख्शी, जिसके लिए उस समय अपने परिवार समूह की परवरिश मुश्किल हो रही थी, कुद्दऊआ के गोद में आते ही उसके परिवार से बदले में प्राप्त लंबी रकम से उनका खान-पान चल पड़ा और वह कुद्दऊआ पर निहाल हो गया। बख्शी के जरिए कुद्दऊआ का पालन-पोषण शानदार तरीके से हुआ।

कुद्दऊआ अपने समय के सभी किन्नरों में सबसे स्मार्ट और वाक्-चातुर्य थे, इसीलिए अपने समूह की सबसे ज्यादा कमाई भी उन्हीं के कारण होती थी, साथ ही तेज-तर्रार इतने कि कोई आदमी इनके समूह से टकराने की हिम्मत न कर सकता था। कोई इनके समूह पर उँगली नहीं उठा पाता था, न ही ये लोग बेवजह किसी को परेशान करते थे, इसीलिए इनके ग्रुप को नगर में वरीयता प्रदान की जाती थी। अपनी गुरु माँ बख्शी से इसी कारण कुद्दऊआ को बहुत लाड़-दुलार मिलता था। कुद्दऊआ जितने तेज-तर्रार थे, उतने ही जज्बाती और नरम दिल भी। अपने साथियों और आनेवाली नई पीढ़ी के लिए इनके दिल में बहुत प्यार व सम्मान था। कुद्दऊआ में नेतृत्व के गुण कूट-कूटकर भरे थे। इसी कारण बख्शी ने अपनी मृत्यु उपरांत कुद्दऊआ को गुरु माँ बनाने की वसीयत की और उनके जाने के बाद कुद्दऊआ ने अपने समूह की बागडोर एक सुपर मॉम, अर्थात् बेहतरीन गुरु माँ के रूप में सँभाली।

कुद्दऊआ अपने समूह में आनेवाले प्रत्येक कमसिन नवागत किन्नर को माँ-पिता दोनों का प्यार देकर सदैव संबल और स्नेह देते। साथ ही आए हुए नए ट्रांसजेंडर को परिवार की कमी महसूस न होने देने की भरसक कोशिश करते। हमेशा अपने समूह के किन्नरों को एक शफकत भरी माँ की तरह ईमानदारी, प्रेम और सौहार्द का सबक सिखाते। आज जबकि बिस्तर पर बेसुध पड़े हैं कुद्दऊआ तो

उनकी छत्रच्छाया में परवरिश पाए मधु, रानी, बबली, बेबी, राजकुमारी, रानी, रेखा, मधुबाला, ऐश्वर्या उनकी बहुत प्यार और सम्मान के साथ सहानुभूतिपूर्वक सेवा कर रही हैं। मैंने कुद्दऊआ को बताया कि अब आप लोगों को भी आम नागरिक का दर्जा हासिल हो गया है। जो सुविधा और लाभ तथा मौलिक अधिकार हमारे हैं, वह अब आप सब लोगों को भी प्राप्त हो गए हैं। आपको यह सुनकर कैसा महसूस हो रहा है… ? तब उन्होंने मात्र अपनी खुशी का इजहार करते हुए ऊपर की ओर उँगली उठाई और उनकी आँखों से आँसू बरस पड़े, शायद जीवन भर किन्नर के रूप में जैसा दंड भोगा था, ये आँख से रिसते हुए आँसू उसी का प्रतिफल हैं। उनके बच्चे, अर्थात् वहाँ मौजूद सभी किन्नर भी रो पड़े और मैं भी, समाज का इनके प्रति यह कैसा दुराभाव है? मधु किन्नर के शब्दों में—

"हमारे गुरु कुद्दऊआ ही हमारी माई-बाप हैं, आप भगवान् से प्रार्थना करो कि हमारी गुरु माँ जल्दी ठीक हो जाएँ, हम उनके बिना अनाथ हो जाएँगे।"

मधु किन्नर के ये कहते ही रानी, बबली, बेबी, राजकुमारी, मधुबाला, ऐश्वर्या और रेखा सब ये जानते हुए भी कि कुद्दऊआ जीवन की अंतिम साँसें गिन रहे हैं, उम्र के आखिरी पड़ाव पर हैं, फिर भी वे सब उनके जीवन के लिए लालायित हैं, भगवान् से उनके जीवन की भीख माँग रहे हैं, क्योंकि जीवन के किसी भी मोड़ पर एक माँ की संतानें नहीं चाहतीं कि उनकी माँ उन्हें छोड़कर जाए। हे ईश्वर… ! कोई संतान कभी भी अपनी माँ से न बिछड़े, माँ का विछोह असहनीय होता है। काश, मेरी यह दुआ रब कुबूल करें…आमीन… !

□□□

* 9 7 8 9 3 5 5 2 1 1 5 3 8 *
MAN - #0700 - 230726 - C0 - 216/140/8 - PB - 9789355211538 - Matt Lamination